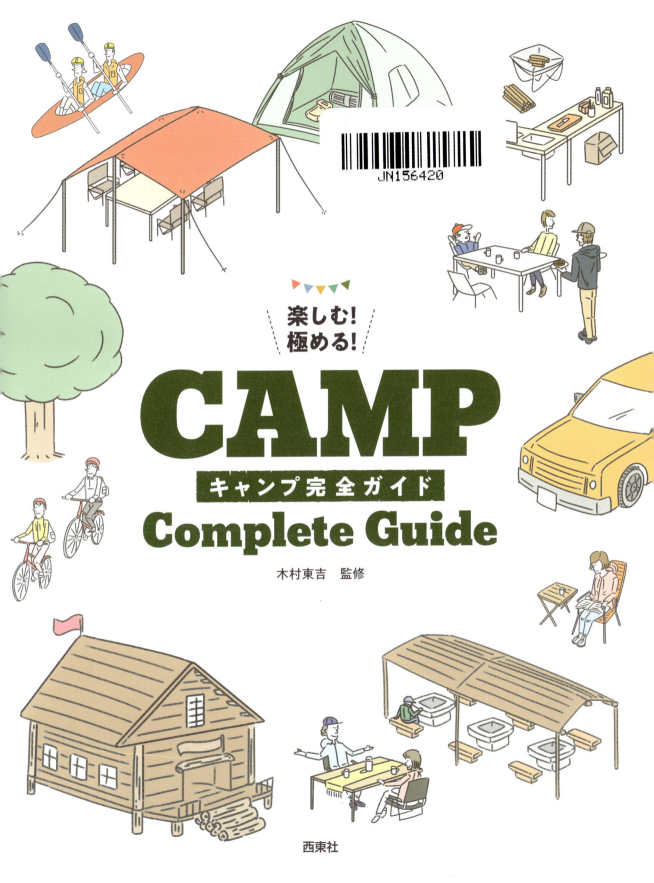

はじめに

「人は己の意識を機械などに集中するより、人に集中した方が幸せになれる」

昔、あるテレビ番組で、フランスの女優さんと対談した際に、彼女が言った言葉である。

当時はインターネットなども、まだそれほど普及していなかったが、
テレビのアニメ、あるいはゲームに夢中になり、
家族間のコミュニケーションが希薄になりつつあった。

今では周知のようにネット社会が根付き、家族、友人が集っても、
それぞれがLINEなどのSNSで異界と繋がっている。

もちろんアウトドアのフィールドでも、それは変わりないかもしれないが、
それでも電子音ではなく、風の音、鳥の鳴き声、木々が揺れる音に耳を澄ませ、
エアコンではなく、焚き火の温もりに優しさを感じることができる機会に恵まれる。

普段はタブレットやスマホの画面ばかり見ている子どもたちが、
焚き火の中に、小枝の先に刺したマシュマロが焦げないかと凝視し、
その姿を見ながら、母親は柔和な笑顔をこちらに向ける。

朝はスマホのアラームではなく、テントの中に溢れる太陽の輝きで目覚め、
ちょっぴり冷たい空気の中、ブランケットに包まり、
温かい一杯のコーヒーに救われることもある。

別にカヌーを漕がなくても良い、山に登らなくても構わない。
愛する家族や友人の笑顔、少し困った顔、
汗を流す真剣な眼差しに接するためだけであっても、
アウトドアのフィールドに飛び出す価値は、十分にあるのだ。

木村東吉

Camp Style 1
家族でキャンプをしたい

家族のレジャーとしてすっかり定着したキャンプ。
自然の中で景色や会話、遊びを楽しみながら家族の絆を深めよう。

初めてのキャンプ。
**どんなキャンプ場に
行けばいいのか知りたい！**
⇨ P**42**

テントって
いろいろあるけど
どれを買えばいいの？
⇨ P**18**

テントとタープ、
**どういう配置で
設営すればいい？**
⇨ P**56**

道具選びのポイント

チェア、テーブルは
子どもに合ったもの

子どもにとって大きすぎない
ものを選ぼう。キャンプ場の
地面は必ずしも平坦ではな
い。座ったときに足が地面に
つかないとバランスを崩して
転倒することもある。

道具選びのポイント

シュラフ、マットは
連結できるタイプ

シュラフやマットは2枚連結
できるタイプもある。2人で
寝ても十分な広さになるの
で、1人で寝るのがまだ不安
な小さな子どもにとっては安
心だ。(⇒ P22)

Camp Style 2

野外料理にこだわりたい

ダッチオーブン料理やバーベキューなど、野外ならではの料理はキャンプの醍醐味。
アウトドアらしいメニューや調理法で楽しもう！

バーナーは
ガソリンとガス、
どっちがおすすめ？
⇨ P25

ダッチオーブンを
使ってみたい！
⇨ P96

どうすれば手際よく
料理ができる？
⇨ P88

キャンプならではの
おいしい料理を
作りたい！
⇨ P100

道具選びのポイント

**キッチンテーブルが
あると快適**

調理専用のキッチンテーブルがあれば、自宅のように効率よく快適に作業できる。バーナーを設置できたり、調理器具をかけられるフックなどが付いている商品もある。

Camp Style 3
コンパクトカーでも楽しみたい

軽自動車やコンパクトカーだからといって、あきらめなくても大丈夫。
荷室が小さなクルマでもキャンプはできる！

道具選びのポイント
テントとタープを組み合わせる
テントとタープが一体になったツールームテントは収納サイズが大きい。収納サイズが小さなテント＋タープの組み合わせがおすすめ。（⇒P18～21）

できるだけ**かさばらない道具を選びたい**
⇒ P17

荷物をクルマに**上手に積み込む方法を知りたい**
⇒ P50

道具選びのポイント
クーラーボックスなどはソフトタイプ
クーラーボックスとウォータータンクはソフトタイプがいいだろう。中身が入っていないときはたためるので、スペースを有効に使える。（⇒P29）

道具選びのポイント
チェア、テーブルは小さくたためるもの
たたんだときに小さくなるタイプなら、荷室の小さなクルマでも積み込みやすい。チェアは座り心地と収納サイズのバランスで選ぼう。（⇒P24）

Camp Style 4
アクティビティを満喫したい

キャンプ場やその周辺には自然の中で楽しめるアクティビティがいっぱい。
上手に時間をやりくりして思いきり遊ぼう!

道具選びのポイント

シュラフは登山用のマミー型

シュラフはマミー型とレクタングラー型があるが、短時間で撤収できるのはマミー型。コンパクトな登山用なら泊まりがけのトレッキングでも活躍!(⇒ P22)

遊んでいる時間が
なかなか取れない…
⇒ **P48**

キャンプ場で
**どんな遊びが
楽しめるのか知りたい**
⇒ **P144**

道具選びのポイント

テントは設営&撤収が簡単なもの

設営&撤収が短時間で済むのが、特殊な機構を備えたワンタッチテントや、ポールの数が少ないテント。ペグをたくさん打つ非自立式テントは設営が手間。

雨や寒さ…。
**天候の変化に
対応しやすい服装は?**
⇒ **P34**

とことんリラックスしたい

何もしないのもキャンプのぜいたく。
おいしい空気ときれいな景色の中で日常を忘れてとことんリラックス！

Camp Style 6

冬もキャンプをしたい

「冬もキャンプ!?」と驚くかもしれないが、実は魅力がいっぱい。
しっかりと寒さ対策をすれば一年中キャンプを楽しめる!

寒さ対策の方法を知りたい!
⇨ P79

どうしてわざわざ冬にキャンプをするの?
⇨ P143

暖房器具を持ち込みたい
⇨ P44

道具選びのポイント
テントは天井が低く狭めのもの

暖房器具があっても、室内が広いとなかなか暖まらず、寒さで眠れないことも。天井が低く狭いテントであれば、人がいるだけでもそれなりに暖かい。

道具選びのポイント
シュラフの限界使用温度をチェック

シュラフに表示されている「限界使用温度(寒さを感じることはあっても工夫しだいで眠れる温度)」をチェックし、−5℃以下のものを選ぼう。(⇒ P22)

CONTENTS

INTRODUCTION
キャンプスタイルガイド

- 4 ……… 家族でキャンプをしたい
- 5 ……… 野外料理にこだわりたい
- 6 ……… コンパクトカーでも楽しみたい
- 7 ……… アクティビティを満喫したい
- 8 ……… とことんリラックスしたい
- 9 ……… 冬もキャンプをしたい

- 14 ……… キャンプのマナー

PART 1
道具をそろえよう

- 16 ……… キャンプ道具のそろえ方
- 18 ……… テント
- 20 ……… タープ
- 22 ……… シュラフ
- 23 ……… マット
- 24 ……… チェア＆テーブル
- 25 ……… バーナー
- 26 ……… グリル＆焚き火台
- 28 ……… クッカー＆テーブルウェア
- 29 ……… クーラーボックス＆ウォータータンク
- 30 ……… その他のキッチンアイテム
- 32 ……… ランタン＆ランタンスタンド
- 34 ……… キャンプの服装
- 36 ……… 持ち物リスト

- 38 **COLUMN** DIYでオリジナリティアップ！　木製家具を簡単塗装

PART 2 キャンプに行こう

- 40 ……… キャンプ場ってどんなところ？
- 42 ……… キャンプ場のロケーション
- 44 ……… サイトの種類
- 46 ……… キャンプ場選びのチェックポイント
- 48 ……… キャンプの計画を立てよう
- 50 ……… 積み込みのコツ
- 52 ……… サイトの設営場所
- 54 ……… サイトのレイアウト
- 56 ……… 状況に応じたレイアウト
- 58 ……… サイトの設営手順
- 60 ……… ペグの種類と打ち方
- 62 ……… タープの張り方
- 64 ……… タープの張り方［応用編］
- 66 ……… テントの張り方
- 68 ……… 快適な寝室のつくり方
- 70 ……… キャンプで使えるロープワーク
- 72 ……… ランタンの用途と種類
- 74 ……… ガソリンランタンの使い方
- 76 ……… 風対策と雨対策
- 78 ……… 暑さ対策と寒さ対策
- 80 ……… 撤収の手順とコツ
- 82 ……… テント・タープのメンテナンス
- 83 ……… ランタンのメンテナンス
- 84 ……… シュラフのメンテナンス
- 85 ……… クーラーボックスのメンテナンス
- 86 **COLUMN** 立ち寄りスポットの定番 道の駅と温泉

PART 3
野外料理を楽しもう

- 88 ……… キャンプ料理を楽しむコツ
- 90 ……… キャンプ料理の計画の立て方
- 92 ……… クーラーボックスの使い方
- 94 ……… ガスツーバーナーの使い方
- 96 ……… ダッチオーブンのシーズニング
- 98 ……… 鍋でごはんを炊く方法

Recipe

- 100　ミネソタチキンライス
- 101　塩サバのアクアパッツァ
- 102　ローストチキン
- 103　ラムラック
- 104　ザワークラウト
- 105　野菜のグラタン
- 106　コック・オー・ヴァン
- 107　スパニッシュシチュー
- 108　牛肉のビール煮
- 109　鶏と玉ねぎの甘酢煮／中華シチュー
- 110　3種のディップソース／ケサディーヤ
- 111　ギリシャ風BBQ／メキシカンBBQ／タイ風BBQ
- 112　牛肉のうま味を味わうハンバーガー
- 113　ニューヨークステーキ＆リゾット
- 114　リボンパスタのカルボナーラ
- 115　キーマカレー
- 116　牛肉のたたき風
- 117　エビとマッシュルームのアヒージョ風
- 118　ベイクドポテト
- 119　きのことソーセージのアヒージョ
- 120　カズちゃんの生春巻き
- 121　赤・白・緑のマッシュポテト
- 122　岡センパイのなめろう［和風］／岡センパイのなめろう［洋風］
- 123　1分オニオンクリームチーズ
- 124　ハンバーグのクロックムッシュ
- 125　フレンチトースト／ピギーブランケット
- 126　オレンジブラウニー／スイートパンプキン
- 127　焼きチョコバナナ／チョコフォンデュ
- 128　食卓をおしゃれに彩る簡単ドリンクレシピ

130　**COLUMN**　正しくカッコよく　ナイフを使いこなす

もっとキャンプを楽しもう

132	焚き火を楽しむ
134	薪の種類とレイアウト
136	火のおこし方
138	炭の種類とレイアウト
140	炭のおこし方
142	季節を楽しもう
144	キャンプ場とその周辺での遊び
146	子どもとキャンプを楽しむコツ
148	雲の様子から天気を探る
150	季節の星座を見つけよう
152	ファーストエイド

キャンプって楽しいね♪

154　**COLUMN**　いつか叶えたい！　憧れ CAMP

156 ……………… 覚えておくと役に立つ　キャンプ用語集

マナーを守って楽しいキャンプを！

▶▶ キャンプのマナー ◀◀

1 自然を大切にしよう

自然の中で過ごすのがキャンプ。木の枝を折ったり、草花をむやみに踏み荒らさないよう気を付けよう。洗剤や石けんなどもできるだけ環境にやさしいものを選んで。

2 ゴミの出し方に気を付けよう

ゴミの分別方法は自治体によって異なる。キャンプ場の分別ルールに従って分別しよう。ゴミの投げ捨てやタバコ・空き缶などのポイ捨てはもちろん厳禁！

3 キャンプ場のルールを守ろう

キャンプ場はたくさんの人が集まる場。消灯時間や焚き火の仕方、ペット連れの場合の注意事項など、キャンプ場のルールを守って安全・快適に過ごそう。

4 声や音は控えめに

屋外の開放的な空間で騒ぎたくなるものだが、大声で会話をしたり、大音量で音楽をかけたりするのは周りの迷惑。特に夜と早朝はできるだけ静かに過ごそう。

5 共同施設はキレイに使おう

炊事場、トイレ、風呂・シャワーなど、利用者が共同で使う施設は多い。みんなが気持ちよく利用できるよう、使った後はゴミなどを残さないよう掃除しよう。

6 他人のサイトに入らないように

区画が区切られているサイト（割り当てられている敷地）の場合、他人のサイトには入らないようにしよう。タープなどのロープやクルマもサイトからはみ出さないように。

CAMPING ITEMS

PART 1

道具をそろえよう

テントやタープ、チェアやテーブル、ランタンなど、
キャンプ用品はどれもシンプルで機能的。
自宅でも使いたくなるほどスグレモノの道具たちが
アウトドアでの生活を快適にしてくれる。

CAMPING ITEMS >> 1

キャンプ道具の そろえ方

快適なキャンプは道具選びから。優先度の高い★印の道具からそろえていこう。

日用品と兼用しながら 少しずつそろえていく

　まずは、快適な寝室＆リビングをつくるための道具が必要だ。テントはアウトドアでの寝室の役割で、室内にマットとシュラフを敷いて眠る。そして、リビングをつくるのがタープ、チェア、テーブル。日差しや雨を避け、タープの下で食事やだんらんの時間を過ごす。夜のリビングを温かく照らすランタンも必需品だ。

　料理・食事に関する道具では、クーラーボックスが大事。テーブルウェアやキッチングッズは家庭で使っているもの、バーナーはカセットコンロで代用できる。あわてて一気にそろえるのではなく、家庭にある代用品を使いながら、自分に合った道具を少しずつ購入していこう。

　また、焚き火台をはじめとする焚き火道具は必需品ではないが、ぜひそろえてほしい。焚き火の前で火を眺めている時間には、代えがたい魅力があるのだ。

> **MEMO** 最初は フルレンタルでも OK！
>
> テントやシュラフ、ランタンなど、キャンプに必要な道具をレンタルできるキャンプ場も多い。食材を購入できる場合もあるので、ほぼ手ぶらでキャンプをすることも可能だ。何度かレンタルで試してみてから、自分に合った道具を購入するのもいいだろう。

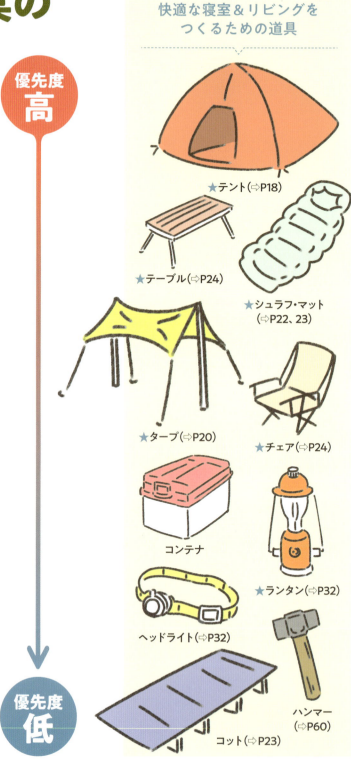

》住《

快適な寝室＆リビングをつくるための道具

優先度 高

★テント（⇨P18）
★テーブル（⇨P24）
★シュラフ・マット（⇨P22、23）
★タープ（⇨P20）
★チェア（⇨P24）
コンテナ
★ランタン（⇨P32）
ヘッドライト（⇨P32）
ハンマー（⇨P60）
コット（⇨P23）

優先度 低

» 食 «

おいしく、楽しい料理と食卓をつくるための道具

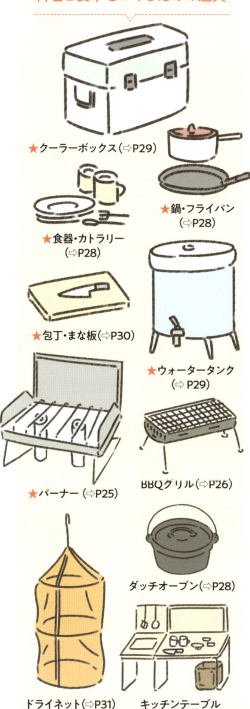

★クーラーボックス（⇨P29）
★食器・カトラリー（⇨P28）
★鍋・フライパン（⇨P28）
★包丁・まな板（⇨P30）
★ウォータータンク（⇨P29）
★バーナー（⇨P25）
BBQグリル（⇨P26）
ダッチオーブン（⇨P28）
ドライネット（⇨P31）
キッチンテーブル

POINT 収納時の形状・長さをそろえると積み込みや家での片付けが楽ちん

購入時にチェックしてほしいのが収納時の形状と長さ。例えばチェアは、たたんだときに四角くなるフォールディングタイプと、細長くなる収束タイプがある。テーブルも同様に、四角くなるフォールディングタイプと細長くなるロールタイプがある。クルマの荷室が広くない場合は、細長くなるタイプの方が省スペースで◎。

フォールディングタイプ ／ 収束タイプ

» 楽 «

キャンプをさらに楽しむための道具

焚き火台（⇨P27）
火ばさみ
耐火グローブ
ハンモック
ナタ・オノ
炭おこし器（⇨P141）
キャリーワゴン

17

CAMPING ITEMS >> 2

テント

アウトドアで快適に眠るためにテントは必需品。形状やサイズ、設営方法をチェックしよう。

ビギナーおすすめ

定員、設営のしやすさ、収納サイズで選ぶ

テントにはさまざまなタイプがあるが、ドームテント、ツールームテント、モノポールテントの3タイプが主流。

選ぶ際は、それぞれのタイプの特徴を踏まえ、利用する人数に合ったサイズを選ぼう。カタログなどに記載されている「定員」は、「何人寝られるか」の目安。室内でゆったり過ごしたい人は、実際の利用人数よりも定員が1〜2名多いテントを選ぶといい。また、テント内で快適に過ごしたいなら、立ち上がれるくらいの高さもほしい。ただし、大きくて高さのあるテントは設営に手間がかかるし、収納時のサイズも大きく、重くなりがち。キャンプのスタイルや、クルマの荷室の広さなども考えて選ぼう。

ドームテント
どんなニーズにも合う定番

オートキャンプで主流となっているテントで、前室やベンチレーション（通気）機能など、テントに必要な機能を過不足なく備えている。自立式で比較的簡単に張ることができ、慣れれば10分程度で設営可能。メーカー各社がさまざまなサイズ、グレードの商品を販売しており、低価格なエントリーモデルもある。どのテントを買うか迷ったらドームテントを選ぶのが無難だろう。

設営しやすさ
本体をポールで自立させる基本的な構造。ペグを打つ本数も少なめ

居住性
寝る場所としては十分だが、リビングスペースはないのでタープを併用する

軽さ・扱いやすさ
収納サイズはツールームテントとモノポールテントの中間くらい

ツールームテント
タープなしでもOK。ファミリー向けテント

寝室とリビングが一体化したテントで、ロッジドームテント、オールインワンテントとも呼ばれる。リビングスペースが確保されているのでタープがなくてもOK。壁面をメッシュにしたり、閉じたりできるので、夏場は虫よけ、冬場は寒さも和らぐ。夜間のセキュリティも安心。

設営しやすさ ドームテントよりも設営にやや時間がかかる

居住性 急な雨でも慌てずに済む。壁面を閉じれば虫よけにも

軽さ・扱いやすさ 収納時も大きいがタープなしでもいい点はメリット

モノポールテント
設営がカンタン。個性的な見た目も人気

円錐型の形状がネイティブ・アメリカンの住居「ティピー」に似ているため、ティピーテントとも呼ばれる。地面に広げた本体の中にポールを入れ、室内から屋根を持ち上げるようにしてポールを立てる構造。設営も撤収も簡単＆短時間でできるため、ビギナーにも人気だ。

設営しやすさ	★★★	室内にポールを立てるだけなので、1人でも設営可能
居住性	★★★	壁が斜めになっているぶん、実際の居住スペースは狭い
軽さ・扱いやすさ	★★★	ポールの本数が少なく、収納サイズもコンパクトで軽量

設営カンタン

ファミリーおすすめ

POINT テント選びのチェックポイント

「自立式」と「非自立式」
ロープを張らなくても立つテントを「自立式」、ロープを張らなければ立たないテントを「非自立式」という。ドームテント、ツールームテントの多くは自立式で、モノポールテントは非自立式だ。非自立式はロープを固定するペグを何本も打つ必要があるので、地面が固い渓流沿いなどではけっこう大変。

本体の素材・耐水圧
ポリエステル、ナイロンなどの化学繊維が主流だが、コットンもある。化学繊維はカビや紫外線に強いが、室内に湿気がこもりやすい。コットンは丈夫で長持ちするが、カビが大敵。また、テント本体を雨風から守るフライシートの「耐水圧」は、1,500mm以上あると安心。雨足が強いときでも雨漏りする心配が少ない。

利用人数
テントに表記されている利用人数は、大人1人あたり60cm×200cmの床面積を目安としている。床面積が同じサイズのテントでも、実際に活用できるスペースは形状によって異なる。

CAMPING ITEMS >> 3
タープ

日差しや雨を避け、
リビングをつくるのがタープ。
利用人数に合ったサイズを選ぼう。

タープの下がリビング。快適な空間をつくろう

　サイトにタープを張り、チェアとテーブルを置けば、そこがリビングだ。

　タープは本体（幕体）の形状によっていくつかタイプがある。主流は六角形のヘキサゴンタープと、長方形のレクタングラータープ（幕体が正方形のスクエアタープもある）だ。ビギナーには、設営が比較的簡単で張り方のバリエーションが豊富なヘキサゴンタープがおすすめ。

> 簡単なコツで
> キレイに
> 張れる！

> 開放感
> バツグン

レクタングラータープ
ポール6本で開放的な空間をつくる

ポールの本数が多いため設営に時間はかかるが、ヘキサゴンタープよりも広い空間をつくれる。4人で利用する場合のサイズの目安は、400～450cm×300～350cm。標準的なレクタングラータープのポールは6本だが、ヘキサゴンタープと同じ2本や4本のものもある。

POINT
ポールを追加してヘキサゴンタープの居住スペースを拡大

ヘキサゴンタープの居住スペースを広げるためには、ポールを追加してルーフ（屋根）を高くすればいい（詳しい張り方はP62～65）。ルーフ全体がフラットになるように高さを上げれば、レクタングラータープに匹敵する広さになる。ポールを2本追加すると、日差しや雨風が吹き込む角度に応じて調節するなど、状況に応じたさまざまな張り方が可能だ。自然の変化に合わせた調整ができるようになると、タープを張ること自体が楽しくなるはずだ。

日が高いうちはルーフ全体を高くし、西日が差し込む時間帯になったらポールを外して日差しを遮るといった使い方もできる。

ヘキサゴンタープ

ポール2本で簡単設営 1人で設営も可能

2本のメインポールと、6本のロープで立ち上げる。構造がシンプルなので、設営は簡単で、コツさえつかめば1人でも張れる。収納サイズもコンパクトだ。4人で利用する場合のサイズの目安は、450〜550cm×450〜550cm。雨天時にタープの下に荷物をまとめることなどを考えると、やや大きめのサイズを選んだ方がいいだろう。

POINT　幕体の色と厚みで変わる遮光性と雰囲気

タープを選ぶ際に重要なのが幕体の色と厚み。色は黒に近いほど遮光性は高くなるが、濃い赤や青だとリビングの雰囲気に違和感を覚える人もいるだろう。ベージュやアースカラーが無難だ。また、幕体の厚みがあるほど遮光性が高く、日差しの強い夏場も快適だ。

スクリーンタープ

虫や寒さ、雨風に強い全天候型リビング

4つの側面をメッシュにしたり、フルクローズにしたりできるのが特徴。夏のキャンプではメッシュにして虫よけ、雨天時や冬のキャンプではフルクローズにと、季節や天候に応じた使い方ができるのがメリット。一方、構造が複雑なので設営に手間がかかるのと、収納サイズが大きい&重たいのがデメリット。

夏場は防虫 冬場は防寒

閉鎖時 / 開放時

CAMPING ITEMS >> 4

シュラフ

布団の代わりになるのがシュラフ。
使う季節(気温)に応じた
保温力のものを選ぼう。

レクタングラー型
布団に近いゆったりとした感覚で眠れるので快適。連結して広々と使える商品もある。

マミー型
頭まですっぽりかぶることができ、冷気が入り込むすき間が少ないので保温性に優れている。

キャンプで人気の レクタングラー型

　シュラフ(寝袋)には、体の形に近いマミー型と、掛け布団と敷き布団が一体化したようなレクタングラー型がある。マミー型は保温性に優れ、コンパクトに収納できるため、登山やトレッキングでよく使われる。オートキャンプでは、登山などより荷物を気にしなくていいので、寝心地が快適なレクタングラー型を選ぶ人が多い。

　中綿の素材はダウンと化学繊維に大別できる。ほとんどのレクタングラー型は化学繊維だ。暖かさはダウンに劣るが、洗濯機で丸洗いできるし、保管も簡単だ。

オートキャンパーに人気

POINT 使う季節(気温)に応じた「限界使用温度」のシュラフを

シュラフを選ぶ際は、「限界使用温度」を必ずチェック。「限界使用温度」とは、簡単に言えば「寒さを感じることはあるが、工夫次第で眠れる温度」のこと。例えば、限界使用温度が0℃なら、「0℃まではなんとか眠れるでしょう」ということだ。ただ、寒さの感じ方は人によってまったく違うし、アウトドアの夜は想像以上に冷え込む。キャンプ場の最低気温から5℃くらい低い限界使用温度を目安にすると安心だ。

CAMPING ITEMS >> 5

マット

シュラフの下に敷くマットは、ベッドのマットレスのような役割。安眠のための必需品だ。

インフレーターマットが人気

寝心地を左右する重要アイテム。断熱性もチェック

テントの床は薄いシートなので、地面の固さやデコボコ、冷気の影響をもろに受ける。それらを緩和して、快適な寝床にしてくれるのがマット(「パーソナルマット」ともいう)だ。

マットには、折りたたみ式のフォールディングマット、ポンプを使って空気を注入するエアーベッドなどあるが、オートキャンプで人気なのはインフレーターマット(写真)。バルブを開くと、マットが復元しようとする力で自然に空気が入ってふくらむ仕組みだ。厚みがあるものほど寝心地や断熱性に優れ、4cm以上あればほとんどの場所で快適に眠れるだろう。

ふくらみが不十分な場合は、人力で空気を注入する。口で息を吹き込んでもOK。

2枚を連結してダブルサイズになる商品もある。家族で川の字になって寝るのにぴったり。

MEMO マットの代わりにコットもアリ!

コットとは、アウトドア用の組み立て式の簡易ベッドのこと。マットよりも地面から離れているので、冷気や湿気の影響を受けにくいのがメリットだ。また、軽量&コンパクトで好きなところに持ち運べ、組み立ても簡単。ベンチや荷物置きなど、さまざまな使い方ができるのもポイントだ。

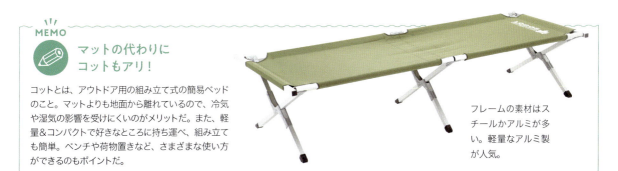

フレームの素材はスチールかアルミが多い。軽量なアルミ製が人気。

CAMPING ITEMS >> 6

チェア&テーブル

チェアとテーブルは快適なリビングづくりに欠かせない。
特にチェアは最重要アイテムのひとつだ。

座り心地を最優先で選びたいチェア。視線の高さも大事

キャンプではリビングに人が集まって食事をしたり、くつろいだりする。それだけにテーブルまわりのアイテムにはこだわりたい。なかでもチェアは重要だ。クルマの積載量との兼ね合いはあるものの、座り心地がよく、長時間座っても疲れないものを選ぼう。

チェアのタイプは、たたみ方によって収束タイプとフォールディングタイプとに大別できるが、座り心地も異なる。また、ひじ掛けが付いていて、背もたれが高いものの方がリラックスできる。実際に座って確かめてから購入しよう。

テーブルは、ダイニングテーブルのような感覚で使うハイスタイルか、ちゃぶ台感覚で使うロースタイルのいずれか。脚を抜き差しすることで高さを調節できる商品もある。チェアの座面の高さ、リビングのスタイルに応じて選ぼう。

収束タイプ
座面が深く、包み込まれるような座り心地。たたむと細長くなる。

フォールディングタイプ

座面に張りがあり、しっかりとした座り心地。たたむと四角くなる。

コンパクト収束タイプ
体全体がすっぽり包み込まれるような座り心地。収束タイプよりさらにコンパクト&素早く収納できる。

テーブル型のハイスタイル

ちゃぶ台型のロースタイル

CAMPING ITEMS >> 7

バーナー

アウトドアでも本格的な調理ができる2口コンロのツーバーナーが定番だ。

シングルバーナー

携帯性に優れたシングルバーナー。卓上でも使えるのでツーバーナーと併用してもいい。

扱いやすいガス式と寒くても火力が安定するガソリン式

　アウトドア用のコンロのことをバーナー（ストーブ）という。

　燃料はガソリン（ホワイトガソリン）かガスだが、お手軽なのはガス式。ガソリン式は寒冷地でも安定した火力を得られ、ガスよりも燃費がよいが、燃料タンク内を加圧する作業（ポンピング）やメンテナンスがやや面倒（そのぶん愛着がわくのだが）。一方、ガス式はワンタッチで点火でき、メンテナンスもほぼ不要なのでビギナーでも扱いやすい（詳しい使い方はP94～95）。最近は、メーカー各社もガス式の新製品を多く発売しているのでチェックしてみよう。

　また、コンロの口数が1つのものをシングルバーナー、2つのものをツーバーナーといい、数人のオートキャンプではツーバーナーが主流だ。

ツーバーナー（ガス式）

ガス式は外気温が低いとガスが気化しにくく、火力が安定しないのが難点。ただ、扱いやすいのでビギナーに人気だ。

ツーバーナー（ガソリン式）

ガソリン式は外気温が低くても火力が安定する。燃費もガス式よりよいので、長期滞在にも向いている。

MEMO　使い勝手のいいアウトドアでも使えるカセットコンロ

ツーバーナーやシングルバーナー以外で、キャンプ場で多く見かけるのが、アウトドアでも使えるカセットコンロ。屋内専用のモデルよりも耐風性に優れたつくりになっている上、持ち運びも便利。燃料はホームセンターやコンビニなどでも売っているカセットガスボンベ（CB缶）なので、入手しやすく低コストなのもうれしい。もちろん家庭で使っても問題ない。

数人でパエリアや鍋を囲むといった使い方もできて便利。

CAMPING ITEMS >> 8

グリル&焚き火台

デイキャンプや休日にもバーベキューをするなら
専用のグリルがほしいところだが、
焚き火台と兼用できるタイプも便利。

用途に合わせて選択。大きすぎると準備も後始末も大変

　泊まりがけのキャンプだけでなく、デイキャンプや休日にもバーベキューをすることが多い人なら、専用のグリルがおすすめ。燃料に炭を使うチャコールグリルが一般的だが、大人数でのバーベキューや本格的な調理をするならガスカートリッジ式という選択もある。

　一方、「バーベキューもしたいし、焚き火もしたい。でも、荷物はできるだけ減らしたい」という人には、焚き火台&グリル兼用タイプがおすすめ。オートキャンプ場ではこちらの方が多く見かける。

　どちらのタイプを選ぶ際にも、利用人数に合ったサイズを選びたい。サイズが大きいと、そのぶん必要な炭やガスの量が増える上、焼き網の面積も広くなるので後始末が大変なのだ。

POINT 錆びないステンレス製で丈夫なものを選ぼう

グリルや焚き火台の素材の多くは、スチールかステンレス（ステンレススチール）のいずれか。錆に強いのはステンレスだ。また、炭火の熱に耐えうる丈夫さがあるかも重要。炭火の火力は非常に強く、繰り返し使用しているうちに変形してしまうこともあるからだ。ステンレス製で厚みがあり、丈夫なものを選ぼう。

グリル専用／スタンドタイプ
立って調理をするときに便利なスタンドタイプ。デイキャンプや休日のバーベキューで活躍。

普段のBBQでも活躍

グリル専用／卓上タイプ
食卓でだんらんしながらバーベキューをするなら、卓上タイプがおすすめ。

食卓でだんらんを楽しむ

焚き火台&グリル兼用タイプ

オートキャンプでは、焼き網を外せば焚き火台として使える兼用タイプが人気。収納サイズもコンパクト。

兼用タイプだから荷物を減らせる

焼き網を乗せてグリルとして使うときには炭を入れ(写真上)、焚き火台として使うときには焼き網を外して薪を燃やす(写真下)。

本格的なアウトドア料理向け

ふた付きグリル

アウトドアといえば絶対バーベキュー！というこだわり派なら、本格的なふた付きグリルという選択もある。耐風性に優れ、大量の食材を一度に焼けるので大人数でのバーベキューに向いている。

ガスカートリッジを2個装着して高火力を実現。炭火では難しい微妙な火加減も調整できるので、より本格的な調理が可能だ。

CAMPING ITEMS >> 9

クッカー&テーブルウェア

アウトドア用は重ねて収納できる
コンパクトさが魅力だ。

ダッチオーブン

キャンプ用のダッチオーブンは、ふたの上に炭を乗せやすいようへりが付いているのが特徴(シーズニングやメンテナンスの方法はP96～97)。

自宅用を使い回してもOK。
焚き火料理には
ダッチオーブン

　フライパンや鍋を重ねて収納できるアウトドア用のクッカーセットは、1人用から多人数用までさまざま。1人用は軽量なアルミ製やチタン製、多人数用はアルミ製やステンレス製が多い。カトラリーや食器類にも機能的なアウトドア用があるが、オートキャンプでは重量をさほど気にしなくていいので自宅用を使い回せばOKだ。ただし、使い捨ての紙皿や紙コップは、環境配慮のため控えよう。

　また、焚き火や炭を使った料理をするなら、ダッチオーブンにもトライしてほしい。これひとつで煮る、焼く、蒸すなど、さまざまな調理ができる上、極端に言えば「放っておけばだいたい何でもおいしく出来上がるスゴイ鍋」なのだ。

クッカーセット

収納時

アウトドア用のクッカーセットは、すべてを入れ子にして収納できるコンパクトさが魅力。

MEMO 調理にも器にも使える「シェラカップ」

登山をする人にはおなじみのアウトドア用の食器。簡易的な鍋としても使え、何枚重ねてもかさばらない。シンプルで無骨なデザインも人気だ。

カトラリーセット

人数分の箸、スプーン、フォークをキャンプ用としてセットしておけば、忘れ物の心配がない。

食器セット

アウトドア用の食器は割れない、重ねて収納できるものが多い。自宅用を使い回す際もそうした点を考慮しよう。

CAMPING ITEMS >> 10

クーラーボックス&ウォータータンク

クーラーボックスはアウトドアの冷蔵庫。
サイトに水場をつくるウォータータンクも必需品のひとつだ。

食材が傷むのを防ぐ！
クーラーボックスは必需品

　クーラーボックスは断熱材で作られたアウトドアの冷蔵庫で、たためるソフトタイプと、たためないハードタイプがある。どちらも保冷剤や氷を入れ、その冷気で食材や飲料を冷やす。保冷力は、断熱材の厚みや素材によって異なるが、基本的にはハードタイプが上。とはいえソフトタイプも便利。空っぽになったらたためるので省スペースだ。使う際も、飲料用・食材用に分け、食材が減ってきたら1つにまとめるなど、臨機応変な使い方ができる（詳しい使い方はP92～93）。もちろんハードタイプも、空っぽになったら雨で濡れたものを入れたり、汚れた食器を入れたりして使えばいい。

　ウォータータンクもハードタイプとソフトタイプがある。折りたためる手軽さならソフトタイプだが、丈夫さやインテリアとしてのデザイン性などからハードタイプが主流だ。

ウォータータンク

水を入れておき、調理や手を洗ったりするときに使う。10ℓクラスのものは水を入れると運ぶのが大変なので、5ℓくらいがおすすめ。写真はハードタイプのものだが、折りたためるソフトタイプもある。

クーラーボックス（ハードタイプ）

4人家族の1泊2日で50ℓが目安。ソフトタイプと併用する場合、ハードタイプには頻繁に出し入れするドリンク類、ソフトタイプには食材を入れるといい。

ソフトタイプ2個を使い分けると便利！

クーラーボックス（ソフトタイプ）

4人家族の1泊2日なら、25ℓくらいのサイズを2つ用意し、飲料用と食材用とに分けて使うといい。

収納時

CAMPING ITEMS >> 11

その他の
キッチンアイテム

料理をする際に必要なものは意外と多い。
当たり前すぎて忘れやすいので気を付けよう。

忘れ物をしないよう
持ち物リストを作っておく

　バーナーやグリルなど、キャンプならではの道具は忘れないのだが、普段から使っているキッチンアイテムは忘れてしまいがち。ここに挙げたもののほかにも、取り外しできる鍋の取っ手、予備のガスボンベ、メニューに応じた調味料も忘れないようにしよう。

　P36～37の持ち物リストを参考に、自分がキャンプで必要な道具もリストアップし、チェックしながら準備するといいだろう。

缶切り

缶詰やワインなどを開けるときに必要。使わないときもあるが、ないと困る道具。ナイフなども一体になっている多機能なマルチツール（P130）も便利。

包丁・まな板

作る料理にもよるが、包丁は使い慣れたもの、まな板は薄いものでもいいだろう。

ざる・ボウル

野菜や米を洗ったり、水を切ったりするときに使う。折りたためるシリコン製が便利。

アルミホイル・ラップ

アルミホイルは、焼き芋や包み焼き、蒸し焼き料理のふた、お皿の代わりなど、使いみちはいろいろ。ラップは残った食材や料理の保存などに使える。

MEMO　大きなゴミ袋は雨天時にも大活躍！

大きいゴミ袋は、雨天時に濡れたキャンプ道具や汚れた衣類などを入れておくのに便利。雨具やレインウェアを忘れた際には、首と腕を出す穴を開ければポンチョ代わりにもなる。キャンプ場指定のゴミ袋とは別に、用意しておくと安心だ。

おたま・トング

汁物をすくったり、バーベキューの食材をつかんだりする際に使う。フライ返しなどよりも活用しやすい。

キッチンペーパー

食器の汚れをぬぐったり、食材の水気を切ったりするときに使える。ただし、ゴミになるので使いすぎには気を付けよう。

ライター

バーナーやランタンに点火する際に使う。長柄のものが使いやすい。風に強いアウトドア用のものもある。

バケツ

洗い物を入れておき、そのまま炊事場まで運んだりできる。雨天時に地面に水がたまらないよう、雨水受けとしても使える。

ドライネット

洗った食器などを入れて乾かす。タープのポールや木の枝などにフックを掛け、吊るして使う。

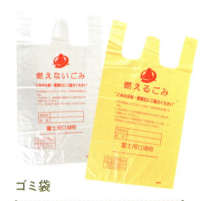

ゴミ袋

キャンプ場のある地域・自治体が指定するゴミ袋があれば、それを使う。ルールに従って、分別はしっかりと。

スポンジ・たわし・洗剤

スポンジは食器を洗うときに必要。焼き網の焦げはスチールたわし、ダッチオーブンの汚れはたわしで落とす。洗剤を使う場合は、環境にやさしいものにしよう。

パーコレーター

パーコレーターはコーヒーを淹れるための道具だが、単にお湯を沸かすやかんとしても使えるので便利だ。

ストックバッグ

料理や食材は残さないのがキャンプの基本だが、余ってしまったときにはストックバッグに入れて持ち帰ろう。

POINT こまごましたアイテムはコンテナに入れて持ち運ぶ

キッチンまわりの道具はこまごましたものが多いので、コンテナにひとまとめにしておくと散らからない。コンテナは、「キッチン用」「寝室・リビング用」などに分け、それぞれの場所で使う道具をまとめておくと積み込みや撤収が楽ちんだ。

CAMPING ITEMS >> 12

ランタン＆
ランタンスタンド

キャンプ場には電灯がないので夜はほぼ真っ暗。
サイトやテント内の明かりになるのがランタンだ。

ランタンは電池、
ガソリン、ガスの3タイプ。
LEDが使いやすい

　ランタンには、ガソリン式、ガス式、電池式（LED）の3タイプがあり、場所によって使い分けるといいだろう（詳しい使い分け方はP72～73）。

　サイト全体を照らすサイトランタンは光量が強いガソリン式やガス式、テーブルランタンは倒れても安全な電池式、テントランタンも火災の心配がない電池式という具合だ（ガソリン・ガスランタンはテント内では使用不可）。最近は、大光量のLEDランタンもあるので、すべてLEDでもOKだ。

　また、サイトランタンを吊るしておくランタンスタンドも必要。三脚タイプが一般的だが、一脚タイプも便利。地面に打ち込んで使うので、足を引っ掛けて倒したりする心配が少ない。

　ランタンとは別に、持ち運びしやすい明かりとしてヘッドライトや懐中電灯も用意しておこう。

LEDランタン

テーブルに置いたり、テント内に吊るす明かりとして使う。さまざまな明るさ、デザインの商品がある。

発光パネルを取り外して使える商品もある。移動時の明かりとして便利。

ガスランタン

ガスボンベを装着して使う。小光量のものはテーブルランタン、大光量のものはサイトランタンとして使う。マントル（右ページ参照）を使うものと、使わないものがある。

> **MEMO** **何かと便利な「ヘッドライト」**
>
> 夜間の明かりとして、あると便利なのがヘッドライト。頭に装着するので、両手を自由に使えるのがメリットだ。料理をするときに手元を照らしたり、夜間にトイレや炊事場などへ行くときなど、使うシーンは多い。
>
>

ガソリンランタン

本体下部のタンクにガソリンを入れ、マントル(写真下)を装着して使う(詳しい使い方はP74〜75)。マントルはガラス繊維を網状にした袋で、電球のフィラメントと同じ役割を果たす。

ランタンスタンド（三脚タイプ）

脚を3方向に開き、ペグで固定して使う。設置は簡単だが、脚を広げるためのスペースが必要。

ランタンスタンド（一脚タイプ）

省スペースでさまざまな場所に設置できるのがメリット。打ち込んで使うため、地面が固いと苦労することも。

CAMPING ITEMS >> 13

キャンプの服装

服装の基本は、薄手の衣類を重ね着するレイヤード。
気温や天候の変化に上手に対応しよう。

(レイヤードの基本)

こまめに脱ぎ着して常に快適に！

＼汗をかき始めたら脱ぐ／　　　＼寒くなる前に着る／

ベースレイヤー
ベースレイヤーは速乾性のシャツ。汗などの湿気を素早く発散させ、肌を乾いた状態に保つことで、体温の低下を防ぐ。

ミッドレイヤー
ベースレイヤーだけでは寒いときのウェア。保温性と通気性のあるフリースやコットンなどがいい。季節によって薄手と厚手を使い分けよう。

アウターレイヤー
防寒、防風のためのウェア。風を通さない素材で、襟のあるものがいい。動きやすさを考え、できるだけ軽量のものを選ぼう。

寒暖の差に対応しやすい着こなし術をマスター

　アウトドアでは一日の中で気温がかなり変化する。特に、春や秋、標高の高い場所では、昼間はＴシャツ１枚で十分なのに、夕方から急激に冷え込むこともある。風の強さによっても体感温度はぜんぜん違ってくる。そのときどきの天候状況に臨機応変に対処するには、薄手のウェアを重ね着するレイヤードという着こなし術が有効だ。
　実際のキャンプ中は、着込むタイミングも重要。「寒い」と感じてから着ても遅く、「そろそろ寒くなりそう」と思ったときに早めに着込むのがポイントだ。
　また、ウェアの素材はコットンや化学繊維などさまざまだが、焚き火のまわりで暖をとる場合は、コットン素材のものが安心。化学繊維だと火の粉や爆ぜた炭で穴が開いてしまうことがあるからだ。化学繊維なら難燃加工のものを選ぼう。

（ 夏の服装 ）

日中は、半袖のTシャツ、ハーフパンツ、サンダルに帽子という服装で十分だが、強い日差しや紫外線、虫刺されへの対策は忘れずに。また、山や高原などの標高の高い場所は、夏でも夜間は気温がグッと下がるので防寒着は必ず持っていこう。

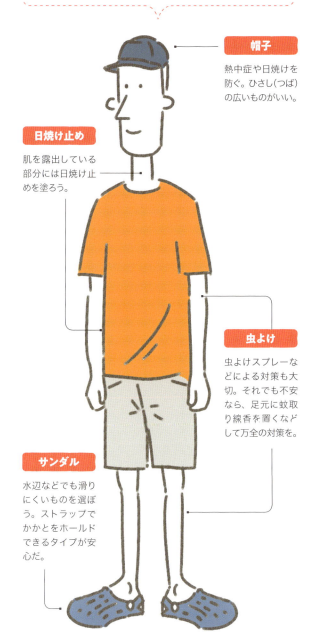

帽子
熱中症や日焼けを防ぐ。ひさし（つば）の広いものがいい。

日焼け止め
肌を露出している部分には日焼け止めを塗ろう。

虫よけ
虫よけスプレーなどによる対策も大切。それでも不安なら、足元に蚊取り線香を置くなどして万全の対策を。

サンダル
水辺などでも滑りにくいものを選ぼう。ストラップでかかとをホールドできるタイプが安心だ。

（ 雨の日の服装 ）

キャンプに雨はつきもの。ずっと雨のときもあれば、突然の雨に見舞われるときもある。雨の中で設営や撤収をすることもあるだろう。急な雨でも困らないよう、しっかり対策しておこう。レインウェアは、ポンチョや雨がっぱではなく、アウトドア用のものがおすすめだ。

フード
設営や撤収など、傘をさせないときにかぶる。水が入ってこないよう襟元は閉めておこう。

ジャケット
動きやすいジャケットがいい。ポンチョは手軽だが、動いているうちに袖口などから雨水が入り込みやすい。

パンツ
ジャケットとセットになっているものがおすすめ。裾口が閉められるタイプを選ぼう。

防水シューズ
防水透湿素材で、動きやすいものがいい。長靴は脱ぎ履きしにくいのが難点。

CAMPING ITEMS >> 14

持ち物リスト

コピーして使おう

忘れ物がないよう、チェックしながら準備しよう。

◎が付いているアイテムは必需品

>> 食 <<

- [ ] バーナー ◎
- [ ] 燃料（バーナー用） ◎
- [ ] グリル
- [ ] 焼き網
- [ ] 包丁 ◎
- [ ] まな板 ◎
- [ ] 缶切り・栓抜き
- [ ] ハサミ
- [ ] おたま・トング・菜箸・しゃもじ
- [ ] 鍋・フライパン ◎
- [ ] ダッチオーブン
- [ ] パーコレーター
- [ ] 食器 ◎
- [ ] カトラリー ◎
- [ ] マグカップ ◎
- [ ] ざる・ボウル
- [ ] ラップ・アルミホイル
- [ ] キッチンペーパー
- [ ] ストックバッグ
- [ ] ウォータータンク ◎
- [ ] クーラーボックス ◎
- [ ] 保冷剤・氷
- [ ] 食材 ◎
- [ ] 飲み物・お酒 ◎
- [ ] 調味料・調理油・バター ◎
- [ ] バケツ
- [ ] スポンジ・たわし
- [ ] 台所用洗剤
- [ ] ふきん
- [ ] ドライネット
- [ ] ゴミ袋・ビニール袋 ◎

>> 衣 <<

- [ ] 着替え ◎
- [ ] 防寒着 ◎
- [ ] シューズ
- [ ] サンダル
- [ ] レインウェア・雨具 ◎
- [ ] 帽子
- [ ] サングラス

>> 住 <<

- [ ] テント ◎
- [ ] グランドシート ◎
- [ ] インナーマット ◎
- [ ] タープ
- [ ] ペグ ◎
- [ ] ハンマー ◎
- [ ] ロープ
- [ ] チェア ◎
- [ ] テーブル ◎
- [ ] シュラフ ◎
- [ ] マット（パーソナルマット） ◎
- [ ] ブランケット
- [ ] ランタン ◎
- [ ] ランタンスタンド
- [ ] マントル
- [ ] 燃料（ランタン用）・電池 ◎
- [ ] レジャーシート ◎

>> 焚き火 <<

- [ ] 焚き火台
- [ ] 炭
- [ ] 薪
- [ ] 火バサミ
- [ ] 耐火グローブ・軍手
- [ ] チャコールスターター
- [ ] ライター
- [ ] 着火剤
- [ ] うちわ

>> その他 <<

- [ ] 洗面用具
- [ ] タオル・バスタオル ◎
- [ ] ハンカチ・ティッシュペーパー
- [ ] トイレットペーパー
- [ ] 保険証 ◎
- [ ] ファーストエイドキット ◎
- [ ] 虫よけスプレー・蚊取り線香
- [ ] 日焼け止め
- [ ] かゆみ止め
- [ ] 新聞紙
- [ ] ダンボール
- [ ] ガムテープ

買い物リスト

- [ ]
- [ ]
- [ ]
- [ ]
- [ ]
- [ ]
- [ ]
- [ ]
- [ ]
- [ ]
- [ ]
- [ ]
- [ ]
- [ ]
- [ ]

MEMO

COLUMN — DIYでオリジナリティアップ！
木製家具を簡単塗装

DIYで自作したアイテムでテントサイトを自分好みの空間に！
家具などをゼロから自作するのはハードルが高くても、既製品を塗装するだけならお手軽＆簡単だ。

準備するもの

●**木製家具**
ニスやワックスがかかっていないラックやボックスなど。

●**耐水サンドペーパー**
180～240番、320～400番の2種類を用意。

●**油性ステイン** — 好みの色を選ぼう！
木材に染み込む油性ステインを使うと、木目の風合いを生かせる。

●**ハケ**
塗装面の幅・面積に応じた幅のものを用意。質が悪いと毛が抜けやすい。

●**油性ニス（無色）** — 油性ステインが色移りするのを防ぐ
ニオイが気になる人は塗らなくてもいいが、油性ステインの色移りには注意。

塗装にチャレンジ！

STEP 1　サンドペーパーで全体を研磨
サンドペーパーで全体を念入りに研磨する。最初は目の粗い180～240番、次に目の細かい320～400番を使う。

STEP 2　油性ステインをハケで塗る
ハケで油性ステインを塗る。一度にたっぷりではなく、薄く塗り重ねていこう。塗料の"のり"が悪い箇所はサンドペーパーで研磨。

塗りにくい場合は分解

STEP 3　余分な塗料を布でふき取る
1～2時間経ったら、余分な塗料を布でふき取る。色が薄いようなら再度油性ステインを塗り、ふき取る作業を何回か繰り返す。

STEP 4　1日以上乾燥させる
風通しのよい場所で1日以上乾燥させる。使用後のハケは、ペイントうすめ液（写真）と中性洗剤で洗っておこう。

STEP 5　油性ニスを塗布
塗装面にまんべんなく油性ニスを塗布する。塗装面から20～30cm離し、薄めに2、3回塗るとダマになりにくい。

STEP 6　完成！
風通しのよい日陰で半日以上乾燥させたら完成。テントサイトのリビングで使うアイテムを同じ色調で統一するとおしゃれ！

キャンプに行こう

キャンプのスキルは経験を積めばどんどん身に付くので、
実際にやってみるのがいちばんだ。
とはいえ、キホンは大切。
キャンプ場で楽しく快適に過ごすための
コツや知識を紹介しよう。

LET'S GO CAMPING! >> 1

キャンプ場ってどんなところ？

クルマで出かけていくオートキャンプ場には
アウトドアでの生活を快適に過ごすための施設が整っている。

アウトドア生活を快適に過ごすための場所

現在、キャンプをレジャーとして楽しむ場合、クルマで出かけていくオートキャンプ場を利用するのが一般的だ。オートキャンプ場は全国に1,200か所以上あり、週末や連休ともなると多くの利用者で賑わう。

オートキャンプ場は、アウトドア生活を快適に過ごすためのレジャー施設だ。場内には、トイレや炊事場、風呂やシャワーなどの共用施設がある。バンガローやコテージ、キャビンなどの宿泊施設があるキャンプ場もある。

また、管理棟には管理人がいるほか、売店やレンタルカウンターが併設されていることが多い。手ぶらで行き、必要な道具はすべてレンタルで済ませられるキャンプ場もある。

キャンプサイト

「サイト」とは、テントなどを設営し、拠点となる場所のこと。好きな場所にテントを張れるフリーサイトと、区画が決まっている区画サイトがある。

トイレ

最近はトイレがキレイなキャンプ場が多い。温水洗浄便座や、子ども用の小さな便器を備えているところもある。

売店・レンタルカウンター

売店では、薪や炭、食材などキャンプに必要なアイテムを購入できる。レンタルカウンターでは、テントやタープなどのキャンプ用品だけでなく、カヌーやマウンテンバイクなどを借りられる場合もある。

バンガロー

キャンプ場によっては、バンガローやキャビンなどの宿泊施設を備えている場合もある。

管理棟

管理人やスタッフがいて、チェックイン・チェックアウトなどの手続きをする。夜間は閉まるところも多いので、営業時間を確認しておこう。

MEMO

高規格キャンプ場

キャンプ初心者やファミリーが安心＆快適に過ごせるよう、設備が充実したキャンプ場が増えている。レンタル品や売店の品揃え、イベントや遊具なども充実しているので、大人も子どもも場内だけで時間をもてあますことなく楽しめる。こうしたキャンプ場は「高規格キャンプ場」と呼ばれ、人気がある。週末や連休の予約が取れたらラッキーだ。

LET'S GO CAMPING! >> 2

キャンプ場の
ロケーション

地形の変化に富んだ日本の自然。
キャンプの楽しさはロケーションによってもさまざまだ。

環境によって雰囲気も
必要な準備も異なる

　川、湖、海、高原、森林など、キャンプ場のロケーションはさまざま。ロケーションによって雰囲気や気候が異なるし、季節やアクティビティに合わせてキャンプ場選びをするのも楽しいものだ。ぜひ、いろいろなロケーションでキャンプをしてほしい。

　ロケーションごとの特徴を踏まえておくことも大事だ。例えば、同じ水辺でも、川の上流は地面がかなり固いが、海岸は砂地で軟らかい。それぞれのロケーションに合ったペグやハンマーがないと、設営にかなり苦労することもある。また、高原なら気温差対策、夏の草原なら日差し対策というように、ロケーションに応じた準備も大切だ。

海岸
海のレジャーも
一緒に楽しむ
海水浴や釣り、シーカヤックなどのアクティビティも楽しい。ただし、日陰が少ないキャンプ場も多いので、暑さ対策はしっかりと。

草原（牧場）
広々とした原っぱで
転げ回って遊ぶ
広大な草原や牧場のキャンプ場は開放感が抜群。敷地が広いぶんフリーサイトが多いので、景色や場内施設へのアクセスがよい場所は早い者勝ち。

POINT　キャンプデビューするなら森林がおすすめ

これからキャンプを始める人に、最もおすすめするロケーションは森林（林間のサイト）だ。森の中は、木々が雨や風、日差しを和らげてくれるので、天候変化に強いといえる。また、木の根のおかげで地面が固くないので、ペグを打ち込むのも比較的簡単。木を活用してロープを張ったり、アウトドアならではの工夫も楽しめるので、キャンプデビューにぴったりだ。

LET'S GO CAMPING! >> 3

サイトの種類

キャンプ場の中で生活の拠点となる場所が「サイト」。
区画サイトとフリーサイトの違いを知ろう。

フリーサイトは早い者勝ち。最初は区画サイトが安心

　キャンプ場の中で、テントやタープを張り、アウトドア生活の拠点となる場所が「サイト」だ。

　サイトは、区画が決まっている区画サイトと、決まっていないフリーサイトに大別できる。フリーサイトだけ、区画サイトだけというキャンプ場もあれば、どちらもあるがエリアによって異なるキャンプ場もある。

　フリーサイトは利用者が少なければ広々とスペースを使えるし、ロケーションのよい場所を自分で選べるが、基本的には早い者勝ちだ。一方、区画サイトは予約時にスペースが確保されているので、プライベート空間を保ちやすい。混雑する時期や初心者のうち、小さな子どもやペットがいる場合は、区画サイトの方が安心だろう。

区画サイト

ロープや植木、杭などで区画がきちんと仕切られている。視線が交わりにくいようレイアウトが工夫されているなど、プライバシーを確保しやすい。駐車スペースが設けられている場合もある。事前に予約しておくのが基本。

フリーサイト

好きな場所にテントやタープを設営できる。場所取りは早い者勝ちなので、早めにチェックインして気に入った場所を確保したい。ほかのキャンパーの近くに設営する場合は、ほどよい距離感を保ち、互いの視線が気にならない位置関係にしよう。事前に予約できるところと、当日現地受付のみのところがある。

> **POINT**
> 「電源付きサイト」から慣れていくのも手
>
> アウトドアでの生活が不安な場合は、AC電源付きサイトで慣れていくのもいいだろう。特に冬場、テント内で石油ストーブなど燃焼式の暖房器具を使うのは一酸化炭素中毒の恐れがあるのでNGだが、電気式のストーブやファンヒーターならそうした心配はない。「キャンプ場で電気製品!?」と思う人もいるだろうが、キャンプは快適に過ごすことがいちばん。自分のスキルや経験値に応じて楽しめばOKだ。

MEMO
区画サイトの1区画の広さ

区画サイトの1区画の広さはキャンプ場によって異なるが、8m×8m、10m×10m程度のところが多い。4〜5人用のテントとタープ、クルマ1台ならこの広さで十分だ。同じキャンプ場でもエリアによって区画の広さや料金が異なる場合もある。テントやクルマのサイズが大きい場合は、キャンプ場に問い合わせておくと安心だ。

MEMO
キャンプ場の宿泊施設

コテージやキャビン、バンガローといった宿泊施設を備えているキャンプ場もある。荒天時や大人数で集まりたいときなどに活用するといいだろう。

コテージ

トレーラーハウス

ティピー

LET'S GO CAMPING! >> 4

キャンプ場選びの
チェックポイント

家からの所要時間や料金、場内の設備など、
キャンプ場を選ぶ際のポイントを押さえておこう。

近場でも
キャンプ場には
自然がいっぱい

デビューは
設備が充実した
キャンプ場がおすすめ

　キャンプ場選びは情報収集から。ホームページやガイドブックなどを活用してキャンプ場の情報を集めよう。キャンプ場の比較・予約サイトでは、利用者が投稿した口コミや写真なども見られるので参考になるだろう。

　右に挙げたチェックポイントについて検討し、行きたいキャンプ場を決めたら予約。初心者のうちは、料金が少し高くても設備が充実している方が安心だ。

　予約方法は各キャンプ場のホームページなどで確認できる。予約の際には、日程、人数、レンタル品の有無を伝え、不明な点があれば聞いておこう。

POINT 連休や人気キャンプ場の予約は争奪戦

キャンプ場を利用する際は、事前に予約しておくのが一般的。予約が始まる時期は、1年前や3か月前などキャンプ場によって異なるが、人気のあるキャンプ場や連休時の予約は、早々に埋まってしまう。予約が開始される時間帯には、電話やインターネットがつながりにくくなることもあるほどだ。いつから予約が開始されるのか、ホームページなどでチェックしておこう。

✓ 家からのアクセス

自宅からキャンプ場までの所要時間、経路をチェック。1泊2日なら2時間以内を目安にしよう。4〜5時間もかけていくのは、ちょっともったいない…。

1泊2日なのに
遠すぎたね…

区画サイトなら
4人家族で
3,000円〜
8,000円が目安

✓ 料金

キャンプ場によって幅があり、利用人数、クルマの台数、テントの数などによって変わることもある。フリーサイトの方が区画サイトよりも安い。キャンセルする際の手続きやキャンセル料の有無も確認を。

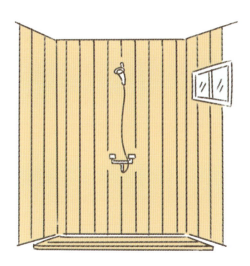

☑ 場内設備

風呂・シャワー、売店・レンタルなどの有無をチェック。温泉や遊具は有料の場合もある。売店やレンタルのラインナップもチェックし、場内で購入できないものは事前に準備を。

温泉や
レジャー施設は
有料の場合も

キャンプ場によっては
ペット連れ専用のサイトや
ドッグランがある

☑ 周辺施設

キャンプ場周辺のスーパー、コンビニ、道の駅、温泉、レジャー施設などをチェック。行き帰りにどこに立ち寄るか、計画しておこう。

☑ 利用条件

ペットの同伴、焚き火台を使用しない直火での焚き火、グループでの利用などが可能かどうかをチェック。どんなキャンプをするか、条件に合ったキャンプ場を選ぼう。

☑ 開場期間

冬期は閉鎖するキャンプ場もある。また、休前日と休日のみ、夏期の数か月のみなど、期間限定で営業するキャンプ場もある。予約する際に必ず確認しよう。

☑ ロケーション

林間、高原、湖畔、川岸など、キャンプ場がどんな場所にあるのかをチェック。同じキャンプ場内でも、エリアによって原っぱなのか、林間なのか、水辺なのかなど、ロケーションが異なる場合もある。

LET'S GO CAMPING! >> 5

キャンプの計画を立てよう

出発から帰宅までの計画を大まかに決めておくと安心だ。
予定を詰め込み過ぎず、余裕のあるスケジュールを意識しよう。

ポイントとなる時間を基準に、大まかな動きをイメージしておく

　荷物の積み込み、テントやタープの設営、火おこしや料理など、キャンプでやることは実はたくさんある。もちろん、すべて自分たちでやらなければならないので、段取りは重要だ。スケジュールを細かく決める必要はないが、ポイントとなる時間は決めておこう。

　まずは出発時間。道路の混み具合なども考えて、余裕を持って出発しよう。泊まりがけの場合は、キャンプ場に着いたら夕食の時間を決め、日没前に食べ始められるよう準備していく。そしてチェックアウト前夜には、チェックアウト時刻を確認しておくと安心だ。そこから逆算して、朝食や撤収・積み込みなどをしていこう。

　慣れないうちは設営や撤収に思った以上に時間がかかる。荷物がうまく積みこめず、積み直したりすることもあるだろう。そんなときでも慌てずに済むよう、余裕のあるスケジュールにしておこう。

POINT　たっぷり楽しむなら2泊3日がおすすめ

「昨日テントを張ったばかりなのに、もう撤収!?」。1泊2日のキャンプは意外と慌ただしく、かえって疲れてしまうことも…。チェックアウトが午前中だとなおさらだ。そこでおすすめなのが2泊3日。2日目を自由に使えるので、ゆっくりできるし、遊ぶ時間もたっぷり取れるのだ。

デイキャンプのスケジュール

8:00 ～ 8:30　積み込み
できるだけ前日のうちにパッキングを済ませておこう。

8:30 ～ 10:00　移動
デイキャンプなら自宅から1時間～1時間半の圏内にあるキャンプ場が無難。

10:00 ～ 10:10　チェックイン
管理棟や受付でチェックインする。料金はこのときに支払う場合が多い。

10:10 ～ 11:00　設営
タープを張ったらチェア・テーブルを置いてリビングをつくり、バーナーやグリル、クーラーボックスやウォータータンクを準備して料理ができるようにする。

11:00 ～ 12:00　料理
サイトの設営が完了したら調理スタート。バーベキューなら炭をおこす。

12:00 ～ 13:00　昼食
開放的な空気や会話を楽しみながらのランチタイム。運転者は飲酒厳禁！

13:00 ～ 16:00　自由時間
くつろいだり、遊んだり、思い思いに過ごそう。おやつの時間をつくってもいい。

16:00 ～ 17:00　撤収・チェックアウト
後片付けとサイトの撤収、クルマへの積み込みを済ませ、チェックアウト。

1泊2日キャンプのスケジュール

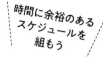
時間に余裕のある
スケジュールを
組もう

1日目

10:00 ～ 11:00　積み込み
不慣れなうちは積み込みにも時間がかかる。パッキングは前日までに、できるだけ済ませておこう。

11:00 ～ 13:00　移動
渋滞の状況、途中の休憩、買い物などに立ち寄る時間なども考え、余裕を持って出発しよう。

13:00 ～ 13:10　チェックイン
チェックイン開始時間は混雑することもあるので、早めに到着するよう心がけよう。

13:10 ～ 14:30　設営
役割分担をしながら設営。不慣れなうちは1時間半くらい見ておこう。本格的に設営を始める前に、チェアとテーブルだけ出してランチにしてもいい。

14:30 ～ 16:00　自由時間・夕食の支度
設営後、夕食の支度までは自由時間だが、不慣れなうちは夕食の支度を早めに始めるといいだろう。

16:00 ～ 17:30　料理
日没の1時間半〜2時間前から夕食の支度を開始し、日没前から夕食を始められるようにする。

17:30 ～ 22:00　夕食・だんらん・風呂
ランタンや焚き火の灯りの中で、食事や会話を楽しもう。焚き火をする場合は、消灯時間に燃え尽きるよう計算して薪をくべる。

22:00　就寝
食事の後片付けを済ませ、早めに就寝。消灯時間後は、たとえテント内でもお静かに…。

2日目

6:00　起床
朝の日差しや鳥のさえずりで目覚めたら、身仕度を整えよう。爽やかな空気は格別だ。

6:30 ～ 7:00　散歩
散歩をしたり、コーヒーを楽しんだり。利用者同士で交わす朝のあいさつも気持ちがいい。

7:00 ～ 8:00　料理・朝食
朝食は簡単にできるメニューがおすすめ。前夜の残り物を活用してもOKだ。

8:00 ～ 8:30　撤収の下準備
食事の後片付けのほか、シュラフを干したり、テント内の片付けを軽く済ませておくと撤収がスムーズ。

8:30 ～ 12:00　自由時間
昼食の支度まで自由時間。午前中にチェックアウトする場合は、撤収作業を進める。

12:00 ～ 13:00　料理・昼食
この後の撤収作業を考え、後片付けが簡単なメニューにしよう。

13:00 ～ 13:30　後片付け
撤収作業の前に、食器や調理器具を洗っておくと、乾かす時間を確保できる。

13:30 ～ 15:00　撤収・チェックアウト
チェックアウト時間を超えないよう、早めに撤収するよう心掛けよう。

LET'S GO CAMPING! >> 6

積み込みのコツ

いろいろと持っていきたいものはあるけれど、クルマの荷室の広さには限りがある。
積載術の基本をマスターし、上手に積み込もう。

荷台を自作する
キャンパーも

泊りがけのキャンプは大荷物！
クルマの大きさに応じて荷物を厳選し上手に積み込もう

　キャンプに持っていける荷物の量は、クルマの荷室の広さ次第。荷室のサイズに応じた荷物の量にすることが大前提だ。

　泊りがけのキャンプはかなりの大荷物になる。お気に入りのテントを買ったのはいいけれど、ほかの荷物がクルマに入らないということがないようにしたい。また、いい加減に積み込むと、入りきらなくてやり直すなんていうことにも…。自分のクルマに合った積載方法を知ることも大事だ。

　基本的な積み込みのコツは右ページのとおりだが、最適な積み込み方は何度かキャンプを繰り返していくうちに見つかるはず。上手に積み込めたときに、スマートフォンなどのカメラで記録し、次回以降のキャンプで参考にするのもいいだろう。

　荷台がない場合、上の写真のようにDIYで作るのも手。天板や脚などの材料をホームセンターで購入し、自分のクルマに合ったものを作ろう。

POINT 後部座席の足元のスペースも有効に使おう

足元のスペースも有効活用。フラットにすれば、くつろぎやすい。

●ダンボールを敷いて汚れを防ぐ

ダンボールやレジャーシートを敷いておくと、雨天時に荷室が汚れるのを防げる。キャンプ後の掃除も楽ちん。

●小物をコンテナなどにまとめる

キッチンまわりの小物やランタンなどはコンテナにまとめておくと散らからない。折りたたみ式のコンテナはホームセンターなどでも入手できる。

●大きなものから積み込む

大きくて重たいものから順に積み込んでいく。細長いものは右側、四角いものは左側など、形状が似たものをまとめるようにするといい。

●衣類などの柔らかい物ですき間を埋める

荷物と荷物のすき間を衣類やシュラフなどで埋めて荷崩れを防ぐ。振動で音が鳴るのを防いだり、衝撃に弱い物を保護するときにも役立つ。

●クーラーボックスは手前に置く

途中で買った食材をしまったり、飲み物などを出し入れしやすいよう、クーラーボックスは取り出しやすい位置に置く。

●後方の視界を確認する

安全のため、運転者が後方をしっかりと目視できるスペースを確保しよう。荷物の詰め込み過ぎには注意。

LET'S GO CAMPING! >> 7

サイトの設営場所

快適で楽しい、そして安全なキャンプは場所選びから。
ポイントを押さえてベストな場所を選ぼう。

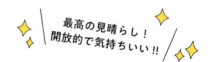
最高の見晴らし！
開放的で気持ちいい!!

できるだけ平坦で見晴らしのよい場所を選ぶ

　フリーサイトの場合、どこに自分のサイトを設営するかは自分次第だし、区画サイトでも区画の中のどこにテントやタープを張るかは自分で決める必要がある。
　安全＆快適に過ごせる場所を選ぶポイントはいくつかあるが、いちばん大事なことはできるだけ平坦な場所を選ぶこと。傾斜地は寝心地が悪く、チェアやテーブルも斜めになって安定しないので落ち着かない。デコボコしている場所や石がゴツゴツしている場所は、設営がしづらい上、転んだりすることもある。
　場所選びの際には、季節や天候なども考えておこう。夏は木陰、雨や風が心配なときは林間で水はけがよさそうな場所がおすすめだ。
　快適さという面では、隣り合うサイトとの距離感や人通りを考えることも大切。自分はもちろん、ほかのキャンパーも快適に過ごせるよう配慮して設営場所を選ぼう。

フリーサイトの場合、平坦で見晴らしのよい場所を見つけたら早めに確保！

こんな場所は避けよう

傾斜している場所

傾斜地は寝心地が悪く、チェアやテーブルなども不安定。微妙な傾斜は、立っていると気付きにくいが、寝転がってみると気付きやすい。

トイレや炊事場のすぐ近く

近いと便利だが、人通りが多く落ち着かないし、ニオイが気になる場合も…。利便性も考え、近すぎず、遠すぎない場所を選ぼう。

人やクルマの通路のすぐ近く

人やクルマが頻繁に通る場所は、音や視線が気になり落ち着かない。テントサイトエリアへの出入り口付近も避けた方が無難。

川の中州

川沿いでキャンプをする場合、中州は絶対に避けること。雨で増水して取り残されたり、流されたりする危険がある。

風の通り道

茂みと茂み、建物と建物の間など、風が抜けやすい場所にテントを張ると、風であおられたり、寒かったりすることも。設営も大変。

夏場、直射日光が当たる場所

夏のテント内はかなり暑い。強い日差しが当たっていると、まさにサウナ状態。熱中症を防ぎ、快適に過ごすためにも木陰を選ぼう。

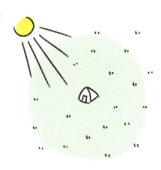

ほかのキャンパーのすぐ近く

混雑していても適度な距離感は必要。止むを得ずほかのキャンパーの近くに設営する場合は、リビング同士が近くなりすぎないようレイアウトを工夫して。

水がたまりやすい窪地

雨が降ったときに水たまりになりそうな低地や、水はけの悪い粘土質の場所は避けよう。水が流れた跡がないかどうかチェックするといい。

LET'S GO CAMPING! >> 8

サイトのレイアウト

サイト内のレイアウトを考える際のポイントになるのが、人の動きを考えた「動線」だ。

移動がスムーズになるレイアウトをイメージする

　サイト内のどこにテントやタープを張るかを考える際、ポイントになるのが「動線」だ。リビングを基準に、キッチンやテント、クルマにアクセスしやすいレイアウトを考えよう。サイトの外への出入り口も大切だ。

　最初に考えるのは、タープの位置と向き。タープ下のリビングが平坦になる場所に、景観や風向き、日当たりなどを考えて向きを決める。タープの位置と向きが決まったら、次はテント。テントの出入り口をタープ側に向け、タープのロープと干渉しない位置にする。キッチンは動線を妨げない位置、クルマは風よけやプライバシー確保などの目的に応じた位置にするといいだろう。

　ただし、サイトの広さや形、天候などによって、いつも同じレイアウトにできるとは限らない。臨機応変に対応することもキャンプの楽しさだ！

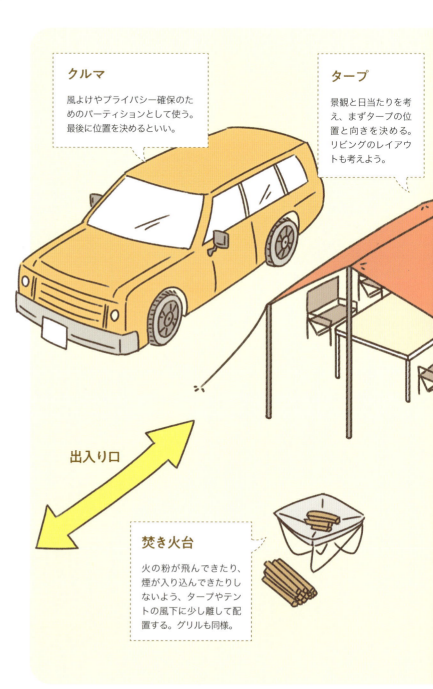

クルマ
風よけやプライバシー確保のためのパーティションとして使う。最後に位置を決めるといい。

タープ
景観と日当たりを考え、まずタープの位置と向きを決める。リビングのレイアウトも考えよう。

出入り口

焚き火台
火の粉が飛んできたり、煙が入り込んできたりしないよう、タープやテントの風下に少し離して配置する。グリルも同様。

CAUTION ロープに注意

レイアウトを決める際、盲点になりやすいのがロープの広がり。特に、タープのロープは外側に大きく張り出すので区画からはみ出しやすく、木や茂みが邪魔でペグを打てないといったことにもなりやすい。不慣れなうちは何度か張り直す羽目になるかもしれないが、それも貴重な経験だ。

テント
リビングからアクセスしやすく景観の邪魔にならない位置に、出入り口をタープ側にして設営する。風が強いときは、リビングの風よけになるように張るといい。

リビング
タープの中心を意識してチェアとテーブルを配置。誰がどこに座るかも考えてレイアウトしよう。

キッチン
雨天時以外はタープの外側に配置する。調理台を中心に、片側にはバーナーと調理道具、もう片側にはクーラーボックスとウォータータンクを置くと使いやすい。

✓ 風向き

テントの出入り口を風下に タープは風が抜けるように レイアウトする

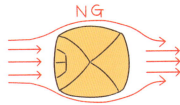

テントの出入り口が風上に向いていると、砂や埃が入ってきたり、風が吹き込んできたりして不快。テントを傷める原因にもなる。

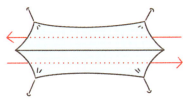

タープの中心線と風向きができるだけ平行になるように張るのが基本。タープの幕体でもろに強風を受け止めると、ペグが抜けたり、ポールが倒れたりすることもあるので危険！

✓ 日差し

タープの高さや角度を 調節してリビングを日陰に

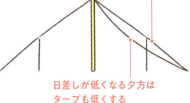

日差しが高い昼間はタープも高くする

日差しが低くなる夕方はタープも低くする

当然のことだが、太陽は常に動いているので、タープの下にできる日陰の位置も徐々に変わる。常に日陰になるよう、太陽の高さ・位置に合わせてタープの幕体の高さや角度を調節するといい。

LET'S GO CAMPING! >> 9

状況に応じたレイアウト

雨が降ることもあれば、強風が吹くこともある。
天候などの状況に合わせたレイアウトのパターンを知ろう。

☑ **基本のレイアウト**

タープ⇄テント、タープ⇄クルマ、テント⇄クルマの移動がスムーズになるようにレイアウト。テントの出入り口と、クルマの荷室を近くにすると、撤収時の積み込みもスムーズ。

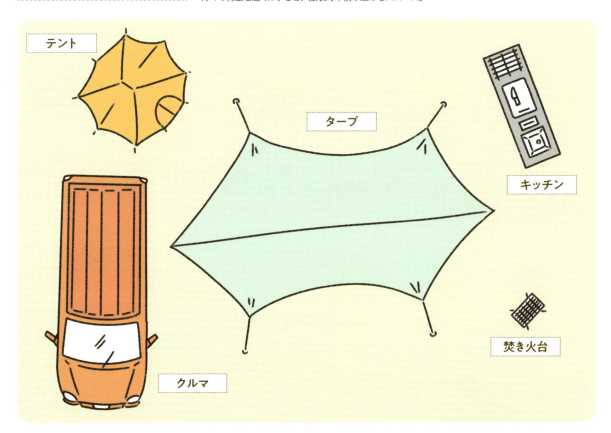

テント&クルマ、キッチン&焚き火台はタープを挟んで配置

　レイアウトの基本は、タープを中心に、テントやクルマをアクセスしやすい位置に配置すること。クルマは、荷室側をテントに向けて近くに置くと、物置として使いやすい。キッチンや焚き火台は、火の粉が飛んでこないよう、タープの風下に少し離して設置する。

　ただし、天候やサイトの広さ・形など、さまざまな状況によって、同じようにレイアウトできないことは多い。そうしたときも動線を確保しつつ、できるだけ機能的なレイアウトにしたい。右ページでは、よくある状況に合わせた3パターンの代表的なレイアウトを紹介しよう。

樹木や地形もうまく利用しながらレイアウトしよう。

✔ 風が強いとき

風の強さだけでなく、風向きも考えてレイアウトする。タープは中心線が風向きと平行になるように張り、テントとクルマは風上側に配置して風よけにする。風下側にはキッチンとファイヤープレイス。風向きが変わることもあるので、焚き火台はタープから少し離して設置し、火の粉が飛んできたり、リビングに煙が入り込むのを防ぐ。強風時は、焚き火の火の粉が舞い上がりやすいので、十分気を付けよう。タープが暴れるほどの強風時は、安全のためタープは撤収することも考えよう。

✔ 雨の日

テントの出入り口をタープの内側に入れると、雨に濡れることなく出入りできる。また、雨天時は、キッチンがタープの下になるのでリビングが狭くなる上、撤収を考えると余計なアイテムは展開したくない。クルマの荷室からモノを出し入れしやすいよう、荷室をタープに向けできるだけ近くに配置しよう。

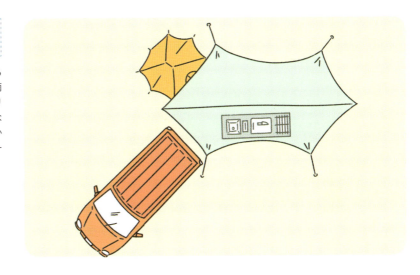

✔ 向かいの視線を遮りたいとき

お向かいのキャンパーや通行人の視線が気になる場合は、クルマをパーティションとして使う。タープはクルマの向きと平行に張り、クルマの反対側にキッチンや焚き火台を設置すると、眺望やプライベートな空間を確保しやすい。

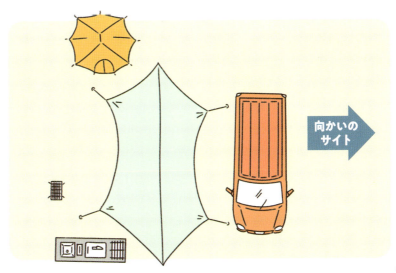

LET'S GO CAMPING! ≫ 10

サイトの設営手順

レイアウトのイメージが固まったら、いよいよ設営。
タープとテントを張る場合の一般的な設営手順を紹介しよう。

＼ サイト全体の構成を イメージしよう ／

タープ、テントの順で設営。協力＆分担しながらやろう

　一度設営したタープやテントの配置を変えるのはかなり面倒。イメージした位置に手際よく配置していくには、設営する順序が大事だ。

　サイトの場所が決まり、全体の構成がイメージできたら、まずは整地をする。石や枝などは動線の邪魔にならない場所にどかし、デコボコはできるだけならしておこう。整地が終わったらサイトの中心となるタープを張る。テントより先にタープを張るのは、タープのロープがワイドに張り出すのと、テントの方が簡単に移動できるため。タープの位置が決まれば、あとはテントを張り、リビングとキッチンをつくる。最後にクルマの位置を決めれば設営完了だ。

　タープとテントの設営は協力してやり、それ以外の作業は分担するなど、効率よく＆楽しみながら進めていこう。

＼ P62〜63で 張り方をマスターしよう ／

START!

STEP 1
サイトの状況をチェックする

サイトの状況をチェックし、レイアウトを考える。最初にタープの位置と向きを決める。ロープの張り出しも考えよう。

STEP 2
整地する

石や枝を取り除き、デコボコをならしてできるだけ平坦にする。寝室やリビングになる場所は念入りに。

💭 テントの下に石があると寝心地が悪いので取り除く

STEP 3
タープを張る

最初にタープを張る。サブロープもすべて張り、位置を確定させたら、次にテントを設営する。

STEP 4 テントを張る

出入り口をタープに向けて張る。設営が終わったら、テント内にインナーマット、パーソナルマット、シュラフを運び入れ、収納袋から出しておく。

STEP 5 リビングをつくる

チェアとテーブルをタープの下に配置し、リビングをつくる。リビングが日陰にならないときは、タープの高さや角度を調節しよう。

STEP 6 キッチンをつくる

キッチンテーブルを展開し、バーナーやウォータータンク、クーラーボックス、ゴミ袋を配置する。調理器具や食器類も近くに置いておこう。

> クーラーボックスを置くスタンドがあると地面からの熱や汚れを防げる

> クルマの位置は最後に決める

STEP 7 寝室をつくる

テント内にインナーマットとパーソナルマットを敷き、その上にシュラフを広げる。寝室ができたら着替えなどの荷物を運び入れる。

STEP 8 クルマの位置を決める

風よけやパーティションになる位置にクルマを停める。荷室の向きも考えよう。

STEP 9 完成！

動線をチェックし、ロープが気になる場合は、引っ掛けて転ばないよう目印を付けておく。焚き火台やグリルは、テントとタープの風下に離して置く。

POINT 暗くなる前にランタンのチェックを

ランタンやヘッドライトなどの灯具は、明るいうちに点灯チェックをしておこう。燃料や電池の残量・予備も忘れずに確認を。

LET'S GO CAMPING! >> 11

ペグの種類と打ち方

タープやテントを地面に固定するための道具が「ペグ」だ。
主なペグの種類と使い方を紹介しよう。

おすすめは
丈夫な鍛造ペグ

プラスチック製ペグ
砂地などの軟らかい地面でも抜けにくい。テントに付属していることも多いが、壊れやすい。

鍛造ペグ
砂地以外のほぼすべての地面で使うことができ、丈夫で壊れにくい。長さのバリエーションも豊富なので、用途に応じた長さを準備しておくといい。重さが難点だが、オートキャンプならあまり気にならないはず。

アルミ製ピンペグ
プラスチック製よりも強度はあるものの、固い地面に打ち込むと変形してしまうこともある。似た形で、アルミ製よりも強度があるジュラルミン製やチタン製のものもある。

アルミ製Vペグ
断面がV字型になっていて抜けにくい。比較的さまざまな地面で使える万能タイプだが、変形してしまうこともある。

素材・長さ・形状の異なる数種類を使い分ける

タープやテントを張るときに、欠かせないのがペグだ。テントにはプラスチック製のペグが付属していることが多いが、砂地などの柔らかい地面では使いやすいものの、ちょっとでも固い地面だと打ち込めなかったり、破損してしまうことも多い。プラスチック製のペグ以外に、強度がある素材のものを用意しておくと安心だ。

オートキャンプで万能に使えるのが、鍛造ペグ。重量があるため軽さを重視する登山には不向きだが、強度は抜群で変形する心配はほとんどない。値段はアルミ製などより高めだが、長く使えるので元は取れるだろう。20cm程度のものをテント用、30cm以上のものをタープ用など、必要な本数＋α（強風時など補強のためにたくさん使うことがある）を買い揃えておくと、さまざまな地面・天候に対応しやすい。

> **POINT**
>
> **ペグハンマーも重要**
>
> テントには、プラスチック製のハンマーが付属していることも多いが、固い地面だと打ち込むのに苦労する。ハンマーのヘッドが金属製のものを用意しておこう。
>
>

✅ ペグの打ち方

ペグは地面に対して45〜80度、ロープとペグの角度が約90度になるように打ち込むと抜けにくい。なお、ペグを打ち込むことを「ペグダウン」という。

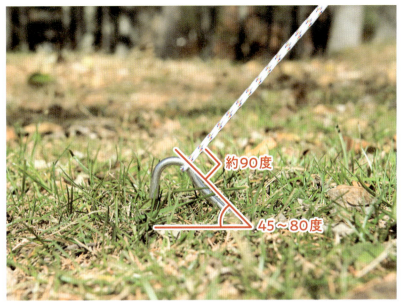

ペグとロープがまっすぐになると抜けやすく危険。抜けたペグが凶器になることも…。

✅ ペグの抜き方

回しながら引き抜くのがコツ。抜きづらい場合は、ペグの前後左右をハンマーで軽く叩いたり、足で蹴ったりして、土とペグとの間に空間をつくってあげると抜きやすい。

> **POINT**
> **ペグハンマーは抜くときも活躍**
> キャンプ用のペグハンマーの中には、ヘッドの一方がペグ抜きになっているものも多い。抜くときも便利だ。

●ペグで抜く
ペグのフック部分に別のペグを通し、両手で引き抜く。まっすぐ引っ張って抜けないときは、回しながら引き抜く。

●手で抜く
軟らかい地面なら手で抜けることもある。まっすぐ引っ張って抜けないときは、回しながら引き抜く。

✅ いろいろなペグの打ち方

雨で緩んでいる地面はペグが抜けやすく、強風時は風の力でペグが抜けてしまうこともある。砂利だらけだったり、地面が固すぎてペグを打つことすら難しい場所も…。さまざまな状況に応じたペグ打ちテクニックをマスターしよう。

●ペグを2本使う
地面が緩いときや風が強いときは、ペグを2本打ち、負荷を分散させて抜けるのを防ぐ。

●クルマに結ぶ
ペグダウンする代わりに、クルマのホイールにロープを結んでもいい。

●木に巻く
太い木にロープを巻く方法もある。樹皮を傷めないよう、タオルなどで保護しよう。

LET'S GO CAMPING! >> 12

タープの張り方

ヘキサゴンタープを例に、簡単&キレイに張る方法を紹介。
コツをつかめば1人でもできる！

各STEPで作業をする場所を上から見た図

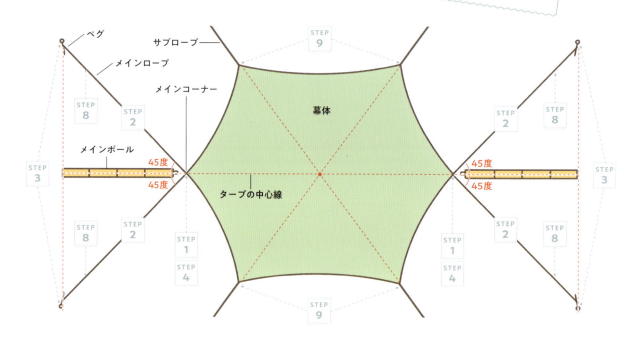

STEP 1

幕体を地面に広げ、メインコーナーをペグで仮止めする

幕体を地面に広げた後、メインポールを挿すメインコーナーをペグで仮止めする。

STEP 2

メインロープをペグに掛け、2方向に開く

メインロープをペグに掛け、それぞれをタープの中心線から45度を目安に開く。

STEP 3

メインロープをペグダウンする

メインコーナー付近にメインポールを置く。メインロープをメインポールと同じくらいの長さに伸ばしペグダウン。

STEP 4

メインポールに幕体、メインロープを通す

メインポールの先端に幕体のメインコーナーにある金具を差し込む。その上からメインロープを掛ける。

幕体が先、メインロープが後

STEP 5 ポールを立ち上げる

メインポールを内側に傾けて立てる。1人のときは片方のメインポールを立てた後、幕体を押さえながら移動し、もう片方のメインポールを立てる。2人で作業する場合は、同時に立ててOK。

STEP 6 ポールを立ち上げた状態

メインロープにある程度のテンションがかかっていれば、メインポールとメインロープの張力で写真のように自立する。

STEP 7 ポールを少し立たせる

STEP6よりもメインポールを立たせる。メインポールと地面の角度は垂直ではなく、20～30cm内側に傾けると、幕体にテンションがかかりたるみがなくなる。

STEP 8 メインロープにテンションをかける

メインロープの自在金具(P71)をスライドさせ、メインロープをピンと張る。4本のメインロープの張り具合が同じくらいになるように調節しよう。

STEP 9 サブロープをかける

カラビナを使うと結ぶ手間が省けて便利

タープの四隅にサブロープを結び、ペグダウンする。幕体の中心と四隅を結んだ延長線上にペグダウンするとシワなく美しく張れる。

STEP 10 完成！

FINISH!

ロープのテンションが強すぎると、幕体にシワができる。シワができている場合は、その箇所のロープの自在金具を調整し、張り具合を少し緩める。

LET'S GO CAMPING! >> 13

タープの張り方 応用編

タープの張り方はひとつではない。
状況に応じて張り方を変えたり、工夫する楽しさもあるのだ。

張り方のバリエーションをマスターしよう

タープは快適なリビングをつくるための道具だが、天候やサイトの状況に応じたさまざまな張り方のバリエーションがある。状況に応じた工夫ができるようになると、タープを張ること自体が楽しく、タープのないキャンプは物足りなく感じるほどだ。

ここでは、ヘキサゴンタープを例に、3通りの張り方のバリエーションを紹介。いずれも実際のキャンプで活用しやすいテクニックなので、使いこなせるようになろう。

✔ サブポールで居住スペースを拡大

Before

After

サブポールを追加し
フラットなルーフに

タープの四隅にポール（サブポール）を追加してルーフの高さを上げる。全体がフラットになるようにすると、リビングのスペースが広がり開放感がアップ！ 追加する本数は1本でも4本でもOK。

POINT ロープの張りとペグの状態はこまめにチェック

気付かないうちにロープの張りが緩くなっていたり、ペグが抜けそうになっていることがある。ロープの張りが緩みすぎたり、ペグが抜けてしまいタープが倒壊すると危険だ。ロープやペグの状態は、こまめにチェックしよう。特に、風が強いときや雨が降っているときは、頻繁にチェックを。就寝前にもひと通りチェックしておくと安心。

☑ 片面を下げて日差しを遮る

ルーフの片側を落として日差しや風雨を防ぐ

まぶしい西日を遮りたいときや、風雨が吹き込むのを防ぎたいときに役立つテクニック。サブロープをペグダウンする位置をタープの近くに寄せると、ルーフに角度を付けられる。

☑ ポールの節を折って雨風を防ぐ

ポールの節を折ってルーフの高さを調節

風雨が吹き込むのを防ぎたいときは、ポールの節を折って高さを調節したり、ルーフに傾斜を付けるのも効果的。節を折ったぶんロープの張りが緩むので、張り具合も調整しよう。

POINT タープの下のスペースを有効に使おう

ポールやメインコーナーにロープをかけ、タープの中心線に沿って張っておくと、ちょっとした物掛けとして利用できる。タープ下の空間を有効に活用するテクニックだ。

カラビナをロープにからませるとランタンも吊り下げられる。S字フックも便利。

POINT ペグやロープに目印を付けておくと安心

タープのロープは外側に張り出すので、足を引っ掛けやすい。子どもがいる場合は、ロープやペグに目印を付けておくと安心だ。撤収時の回収し忘れも防げる。蓄光タイプのロープや自在金具なら夜間も目印に。

LET'S GO CAMPING! >> 14

テントの張り方

一般的なドームテントの張り方を紹介。
慣れれば10分もかからずキレイに設営できる。

STEP 1 グランドシートを広げる

グランドシートを地面に広げる。風があるときは、飛ばされないよう四隅をペグダウンする。

STEP 2 グランドシートの上に本体を広げる

グランドシートの上に本体(インナーテント)を広げる。出入り口の位置を確認しよう(建てた後でも動かせるが、建てる前の方が楽)。

STEP 3 メインポール連結し、スリーブに通す

メインポールを連結し、本体のスリーブ(筒状になった部分)に通していく。引っ張るとポールの連結が外れてしまうので、必ず押しながら入れていこう。

STEP 4 本体を立ち上げる

本体の四隅にある金具にポールの片方の先端を差し込み、反対側のポールを支えながら本体を立ち上げていく。2人で作業しよう。

STEP 5 本体の隅にある金具にポールを差し込む

本体を立ち上げながら、手元にあるポールの先端を本体の隅にある金具に差し込む。写真のように、本体の隅のループを足で踏むと差し込みやすい。

> **POINT** グランドシートはインナーテントより少し小さいサイズに
>
> テントの下に敷くグランドシートは、テントの本体よりも少し小さいサイズにするのが鉄則。本体より広いと、雨が降ったときにグランドシートの上に雨水がたまり、テントが浸水する事態に…。グランドシートがテントに付属していない場合は、レジャーシートなどでもOKだ。

STEP 6 本体をペグダウンする

本体が立ち上がったら、本体に付いているフックをポールに掛け、四隅をペグダウンする。

> **POINT テントの出入り口は風下に**
>
> テントの出入り口を風上に向けると、風が吹き込んできたり、テントを傷める原因になる。出入り口が風下に向くように張ろう。本体を固定する前であれば移動できるので、風向きを確認した上でペグダウンするといい。また、風があるときには、風上側から作業すると張りやすい。ペグダウンする順序は風上が先、フライシートも風上側からかぶせていくとスムーズだ。

STEP 7 フライシートをかぶせる

出入り口の位置と表裏を確認しよう

フロントポール（前室をつくるためのポール）などを取り付けたら、フライシートをかける。フライシートには、本体を風雨や夜露から守る役割がある。

STEP 8 フライシートを本体に固定する

フライシートの内側に付いているファスナーテープをポールに固定する。フライシートの端に付いているフックも本体の四隅に掛ける。

> **POINT 風がないときでもテントのロープはしっかり張ろう**
>
> テントのロープのいちばんの役割は、強風でテントが飛ばされるのを防ぐこと。そのため、風がないときはロープを張っていないキャンパーも多い。しかし、ロープには別の役割もある。ロープをしっかり張ることで本体とフライシートとのすき間を確保し、フライシートが持つベンチレーション（通気）を機能させ、結露を防いでくれるのだ。

STEP 9 ループとロープをペグダウンする

フライシートに付いているループ（ペグダウンするための輪。STEP5の写真参照）と、ロープをペグダウンする。

STEP 10 完成！

FINISH!

ロープに付いている自在金具をスライドさせ、均等にテンションをかければ完成だ。

LET'S GO CAMPING! >> 15

快適な寝室のつくり方

アウトドアで寝室となるのがテントの中。
ポイントを押さえて快適な寝室をつくろう。

2種類のマットとシュラフで寝床をつくる

　キャンプではテントが寝室になる。だが、テントの下は地面なので、地面からの冷気や熱気、デコボコを緩和して、快眠できる寝床をつくりたい。そこで活用するのが、2種類のマットとシュラフだ。

　マットは、テントの床に敷くインナーマットと、その上に敷くパーソナルマットを使う。シュラフはパーソナルマットの上に敷く。インナーマットはテント本体（インナーテント）の内寸に合ったもの、パーソナルマットはクッション性のあるものを選ぼう。シュラフは春〜秋に対応した3シーズン用がおすすめ。毛布などを活用すれば、冬でも使えなくはない。

✓ 傾斜があるときは頭を上に

サイトが傾斜しているときは、頭を上にしよう。頭を下にすると血が上ってしまう。傾斜に対して横で寝ると、寝ているうちに壁際に移動して寒い思いをしたり、人が密集したりすることになる。

寝てみると微妙な傾斜に気付きやすい

✓ 出入り口側に足を向け、川の字になって寝る

夜中にトイレなどで起きたときに、ほかの人の顔を踏まないよう、テントの出入り口側に足を向けて寝る。サイトの傾斜によって頭の向きは変えてもいいが、全員が同じ向きで寝る方が寝相などが気にならない。

同じ向きで寝よう！

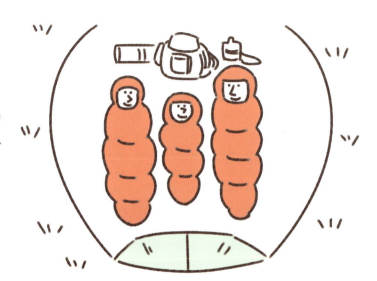

STEP 1 インナーマットを敷く

テントの床の上にインナーマット(テントに付属している場合と別売りの場合がある)を敷く。インナーマットの役割は断熱なので、本体(インナーテント)の内寸と合わない場合は、寝床をカバーするように敷こう。

> インナーマットは地面のデコボコも緩和してくれる

STEP 2 パーソナルマットを敷く

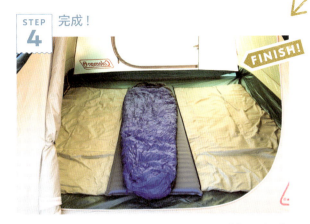

インナーマットの上にクッション性のあるパーソナルマットを敷く。現在主流のインフレーター式のものは復元に時間がかかるので、テントを設営したらすぐ収納袋から出し、空気を取り込むバルブを開けておくといい。

STEP 3 シュラフを広げる

パーソナルマットの上にシュラフを広げる。インフレーター式のパーソナルマットと同じように、テントを設営したタイミングで収納袋から出しておくと早くふくらむ。シュラフは空気を含むことでふくらみ、保温効果を発揮する。

STEP 4 完成!

人数分の寝床ができたら寝室は完成だ。着替えなどの荷物は、出入りの邪魔にならない場所に置こう。

POINT 寝心地が悪い場所や寒いときはダンボールが活躍

2枚のマットでも寝心地が悪いときや、夜中に冷え込みそうなときは、インナーマットとパーソナルマットの間にダンボールを敷くと緩和できる。クルマの荷室に汚れ防止のダンボールを敷いておき、流用するのも手。

LET'S GO CAMPING! >> 16

キャンプで使えるロープワーク

タープやテントを張るときだけでなく、さまざまな場面で使えるロープワーク。
どれも簡単なので使いこなせるようになろう。

もやい結び

●特徴
- 簡単に結べて強い
- ロープの太さを選ばない
- さまざまな場面で使える

●主な用途
- タープやテントに
  ロープを結ぶ
- 輪の部分をペグに掛ける

タープやテントにロープを結ぶときによく使う結び方。輪が小さくならず、ほどくのも簡単。

自在結び

●特徴
- 結び目の位置を
  スライドさせることで
  長さを調節できる

●主な用途
- タープやテントの
  ロープの張り具合を
  調節できるようにする

テントやタープのロープの片側を自在結びにしておくと、張り具合を調節できる。

① ロープの先を図のように輪っかに通す
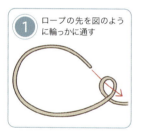

④
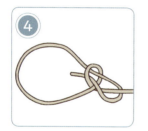

① 結び目の内側にロープの端を通す
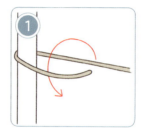

④

②

⑤

② 結び付けるものと結び目をくっつけない

⑤
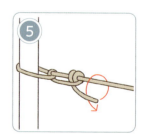

③

ロープワークの基本中の基本で「結びの王様」と呼ばれる結び方

③
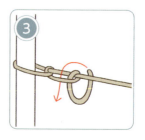

⑥ 後から作った結び目をスライドさせて長さを調節する
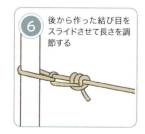

MEMO

便利な「自在金具」

「自在結び」と同じ機能をもっている道具が自在金具。金具をスライドさせることでロープの張り具合を調節できるスグレモノだ。写真の自在金具が一般的な形状だが、三角形のものやカラビナと一体化したもの、蓄光機能のあるものなど、さまざまなタイプがある。

小さめのストックバッグに入れておくと散らからない

ふた結び

●特徴
- 非常に簡単に結べる
- 引っ張る力がかかっている間はほどけにくい

●主な用途
- タープやテントにロープを結ぶ
- ロープを仮止めする

引っ張る力がかかっていれば緩まない。タープにロープを結ぶときによく使う。ささっと結べて便利。

二重八の字結び

●特徴
- ロープの途中に強い輪を作れる
- ほどきにくい場合がある

●主な用途
- タープポールの先端にロープを掛ける

タープポールの先端に掛けるロープは、この結び方で間違いない。

---

①
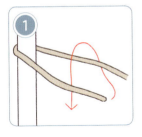

④
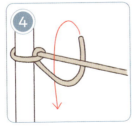

①
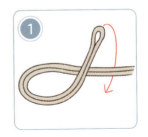

④ 結び目の形を整えながら締める

②
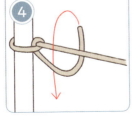

⑤
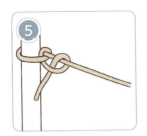

②
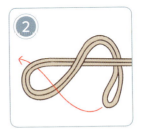

⑤

③ この状態が「ひと結び」。簡単にほどけてしまう

⑥ 「ひと結び」が2つなので「ふた結び」。引っ張ってもほどけない

③ ロープがねじれないようにする

結び目が濡れたり、固く締まるとほどきにくくなる

LET'S GO CAMPING! >> 17

ランタンの用途と種類

ランタンの種類は、ガソリン、ガス、電池(LED)の3タイプ。
それぞれの特徴を踏まえ、場所に応じて使い分けよう。

リビング用はガソリンかガス。テーブル用とテント用はLED

　ランタンは、リビング用、テーブル用、テント用の3つを用意するのが一般的。リビング用のランタンは「メインランタン」ともいい、少し離れた場所に吊るしてサイト全体を照らす。もっとも光量のあるガソリンまたはガスのランタンがおすすめだが、大光量のLEDランタンでもOKだ。

　テーブル用には倒しても安心なLEDランタン、テント内は火気厳禁なので同じくLEDランタンを使う。テント用は懐中電灯などでも問題ないが、ランタンの方が雰囲気が出る。

　なお、ガソリンかガスのランタンを購入する際には、燃料・メーカーをバーナーと同じにするのがポイント。燃料・メーカーが同じなら、持っていく燃料も1種類で済むからだ。

> **POINT　虫が多い夏場、メインランタンはリビングから離して設置**
>
> 虫は強い光に寄ってくる性質があるので、夏場、メインランタンをリビングの近くに設置すると、食卓に虫が舞い込んできたり、羽音が気になったり…。夏場はメインランタンをリビングから4〜5m離して設置し、虫寄せとして使おう。テーブルの明かりもやや暗めにすると、虫の襲撃を避けられる。

(リビング用)

光量のある「ガソリンランタン」か「ガスランタン」がおすすめ

リビングから少し離し、ランタンスタンドなどに吊るして使う。ガソリン・ガスランタンの明るさは「キャンドルパワー(CP)」という単位で表すが、リビング用なら200CP以上ほしいところ。300CP以上なら十分だ。

ガソリンランタン

ガスランタン

テーブル用

LEDランタンなら倒しても安心。
タープのルーフから吊るしてもOK

倒しても安心なLEDランタンがおすすめ。テーブルの上に置いて手元を照らすために使う。タープのルーフから吊るせるよう工夫してもいい（P65参照）。明かりの色を白色・暖色で切り替えられるLEDランタンもある。食材の色や肉などの焼け具合を確認するときには白色、食卓の雰囲気づくりには暖色といった具合に使い分けよう。

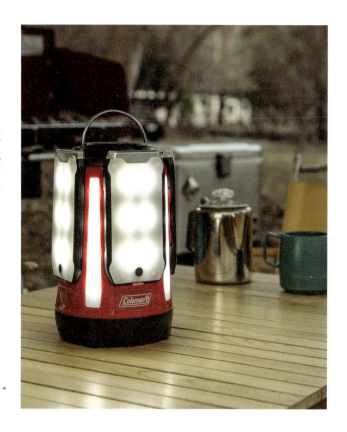

LEDランタン

テント用

LEDランタンを使用。
テント内でのガソリン、ガスはNG！

テント上部のフックに吊るして使う。明かりの色が暖色で、明るさを段階的に調節できるLEDランタンがおすすめ。それとは別に、夜中にトイレに行くときやサイトの見回りなどをするときの明かりとして、懐中電灯やヘッドライトを枕元に用意しておこう。

LEDランタン

夜中にトイレなどに行くときのために、ヘッドライトや懐中電灯も用意しよう

LET'S GO CAMPING! >> 18

ガソリンランタンの使い方

扱いが難しそうに感じるかもしれないが、仕組みや構造は100年以上も変わらない。
マントルの空焼きと、点火の方法をマスターすれば簡単だ。

✅ マントルの空焼き＆点火の仕方

> 缶の口を上にすると液だれしにくい

STEP 1　タンクに燃料を入れる

燃料キャップを外し、タンクの8分目くらいまで燃料を入れる。写真のように専用の「じょうご」を使うと適量で止まってくれる。燃料を入れたら、燃料キャップを締める。

POINT 空焼き直後のマントルは非常にもろい。空焼きの前にポンピングをしておこう

空焼き直後のマントルは非常にもろいが、一度点火させると強度が増す（それでも壊れやすいが）ので、空焼き後に点火する。点火の際には、ポンピング（STEP2 参照）という作業を行うが、空焼き直後のマントルだと作業中の振動で壊れてしまうことがある。そのため、空焼きの前にポンピングをしておく。

STEP 2　ポンピングする

> 固くなるまで繰り返す

ポンプノブを左に回してロックを解除し、引き出す。ノブにある穴を親指でしっかり押さえながら、押し引きを繰り返す。ポンプノブが押し込みにくくなったら、ポンプノブを元の位置に戻し、右に回してロックする。

STEP 3　マントルの形を整える

マントルを手でやさしく広げてシワを伸ばしながら、形を整える。

※マントルが装着されている場合、STEP3～6は省く。

STEP 4　マントルを装着し余分なひもを切る

マントルをバーナーチューブのくぼみに合わせて取り付け、ひもで結んで固定する。余ったひもは数ミリ残してハサミで切る。ひもではなく、金具で取り付けるタイプもある。

POINT マントルにライターを近付けすぎると穴が開きやすい

STEP5でマントルに火を付ける際、ライターをマントルに近づけすぎると穴が開きやすい。火だけがマントルに当たるよう、少し離すのがコツだ。また、マントル全体が灰化する前に火が消えてしまい、火を付け直すと、その部分も穴が開きやすい。まんべんなく火が行き渡るよう、よく観察しながら燃やしていこう。

STEP 5　マントルに火を付ける

> マントルの下側から全体を燃やす

マントルの下側からライターで火を付けていく。マントル全体に火が行き渡るよう、まんべんなく付ける。なお、ターボライターは穴が開きやすいので使わない。

STEP 6　白く灰化したら空焼きはOK

> ちょっとした振動でも壊れてしまう

全体が白い灰状になったら空焼きはOK。ただし、空焼き直後のマントルはとてももろく、ちょっとした衝撃や風などでも壊れてしまう。揺らしたり触ったりしないよう、慎重に扱おう。

STEP 7　バルブを開いてライターで点火する

燃料バルブを少し開け、ガスの噴出音を確認。火を付けたライターをマントルに近づけ、燃料バルブを一気に開くと点火する。グローブ(ランタンのガラス部分)を装着した状態なら、下からライターを差し込んで火を付ける。

STEP 8　追加ポンピング

FINISH!

点火したら、再度ポンピングをして火を安定させる。ランタンを点灯させているうちに明るさが落ちてきたり、不安定になってきたら、ポンピングをすると安定した灯りに戻る。

POINT　消した後、ランタンが冷めたら燃料キャップを緩めよう

ランタンを消すときは、燃料バルブを閉じる。火が完全に消え、熱が冷めたことを確認したら、燃料キャップを緩めてタンクの内圧を下げておこう。タンク内の空気が抜けていく「シューッ」っという音がしなくなったら、燃料キャップを再び締めておく。なお、ランタンの火が完全に消えるまでに数分かかることもある。

LET'S GO CAMPING! >> 19

風対策と雨対策

キャンプを楽しむなら、悪天候時のノウハウも覚えておきたい。
大切なのは、甘く考えず、無理をせず、そして安全第一だ。

> 強風はキャンプの
> いちばんの敵！

✅ 風対策

●ペグをしっかり打ち込み補強する

> 強風でペグが
> 抜けることも

強風でペグに力がかかると抜けてしまうことがある。写真のように2本のペグで負荷を分散したり、ペグをクロスさせて打ったりして、強度を上げよう。

●タープは張らない

> 強風時は
> タープ撤収！

タープは風に弱く、最悪の場合は飛ばされてしまう。安全を考え、風が強いときにはタープは張らない（片付ける）ことも大切だ。

●焚き火や炭火は風下に置く

> 作業するときは
> 風上側から

焚き火や炭火は煙や火の粉が飛んでこないよう、必ず風下に置く。風が強く、風向きが安定しないときは、焚き火はしない方が安全だ。

●すべてのロープをしっかりと張る

テントのロープはすべてしっかりと張り、ペグも深くまで打ち込もう。就寝前には、ロープやペグが緩んでいないかどうかもチェック。

☑ 雨対策

◉ タープの下に物をまとめる

キッチンやクーラーボックスなどは濡れないよう、タープの下にまとめる。リビングに出すものは最小限にとどめ、クルマの荷室も有効に使おう。

◉ テントの出入り口をタープの下に入れる

テントの出入り口をタープの下に入れ、濡れずに出入りできるようにする。クルマもできるだけタープに近づけて停めよう。

◉ タープに水がたまらないようにする

ロープを使ってタープの一部を低くし、ルーフに水がたまらないようにしよう。下にバケツを置いておくと、水たまりができるのを防げる。

◉ ペグの周辺に雨水がたまらないようにする

ペグの周辺に雨水がたまって地面がぬかるむと、ペグが抜けてしまうことがある。写真のように、ロープの角度が途中で変わるように別のペグを打つと、1か所に雨水がたまるのを防げる。

CAUTION 排水溝を掘るときはキャンプ場に確認を！

テントやタープの周辺に排水溝を掘って、雨水の侵入を防ぐ方法もある。ただし、キャンプ場によっては禁止している場合もあるので、管理人に必ず確認しよう。また、排水溝を掘った場合、撤収時には元に戻しておくのがマナーだ。

POINT 雨天時に役立つ特大サイズのゴミ袋

雨の中で撤収をする際、濡れたテントやタープなどを入れておくのに役立つのが特大サイズのゴミ袋。ひとまず詰め込んで持ち帰り、晴れた日に掃除・乾燥しよう。また、レインウェアを忘れたときには、ゴミ袋の一部をハサミなどで切れば、即席のポンチョになる。

LET'S GO CAMPING! >> 20

暑さ対策と寒さ対策

気温差が激しいアウトドアで快適に過ごすための方法を紹介。
暑さも寒さも克服できれば、一年中キャンプを楽しめる！

\ 真夏の炎天下は避けよう /

☑ 暑さ対策

●テントは木陰に張る

炎天下のテント内は本当に暑い。テントは木陰に張るのが鉄則だ。葉が茂った大きな木の下か、林間のサイトがおすすめ。

●テントとその周辺に打ち水をする

テントとその周辺に打ち水をすると、気化熱によってテント内の温度が若干下がる。テントのベンチレーション（通気）を全開にし、空気が流れるようにしよう。

●シュラフの代わりにタオルケット

キャンプだからといって、シュラフを無理して使う必要はない。暑ければタオルケットや薄手のブランケットなどで十分だ。

●クーラーボックスや燃料は日陰に置く

クーラーボックスに直射日光が当たっていると、庫内の温度がかなり上がってしまう。食材を傷めるので日陰に置こう。地面に直置きせず、スタンドなどの上に置くと地面からの熱の影響も防げる。ガソリンやガス缶、ライターなど、可燃性のものも日陰に置く。

> **POINT**
>
> **熱帯夜にはマットよりコットが涼しい**
>
> 暑い時期は、地面から伝わってくる熱もあってテントの中はかなり寝苦しい。そんなときは、寝床に敷くパーソナルマットの代わりに、コット（P23）がおすすめ。体の下を風が抜けるので涼しい上、マットよりもクッション性があるので寝心地もいい。寒い時期には冷気の影響を和らげてくれるので暖かい。

✅ 寒さ対策

●ダンボールや新聞紙で冷気を防ぐ

パーソナルマットの下にダンボールを敷いて、地面からの冷気を和らげる。地面がデコボコしているときにも効果的。

●チェアにブランケットを敷く

座面の上にブランケットや毛布を敷き、体を包み込むようにして使う。チェアのすき間から入り込んでくる風や、下から冷気をかなり緩和できる。

●湯たんぽをつくる

寝る30分前にシュラフに入れておこう

あなどれないのが湯たんぽ。寝る30分くらい前にシュラフの足元に入れておけば暖かく眠れる。タオルを巻いたペットボトルも湯たんぽになる。

●シュラフを2枚重ねにする

シュラフを2枚重ねにする場合は、レクタングラー型の中にマミー型を入れる。シュラフの中にブランケットや毛布を入れても暖かい。

POINT

冬場は電源付きサイトが安心

キャンプは厳しい寒さや暑さに耐え忍びながらやるものではないし、そのせいで風邪をひいたり「もう、キャンプはこりごり…」なんてことになったら元も子もない。寒さ対策に不安があれば、AC電源付きのサイトを利用し、電気式の暖房器具で暖をとればいい。快適に過ごせることが大事なのだ。

「寒い！」と感じる前にしっかり防寒

体温はいったん下がると上がるのに時間がかかる。体温が下がらないよう、「寒い！」と感じる前に1枚着込んだり、カイロを身につけたりして、しっかり防寒しよう。寝るときも、最初は寒くなかったとしても、夜中の冷え込みで目が覚めてしまうこともある。シュラフだけで心もとない場合は、ブランケットや毛布を多めに持っていこう。

LET'S GO CAMPING! >> 21

撤収の手順とコツ

> はじめのうちは
> 2時間見ておこう

撤収作業は意外と時間がかかるし、チェックアウトが午前中だとかなり慌ただしい。スムーズな撤収は、朝起きた瞬間から始まるのだ。

STEP 1 シュラフを干す

> 起きたら
> すぐに干す!

一晩使ったシュラフは湿気を含んでいるので、朝起きたらすぐに干す。クルマのドアやボンネットを使うといい。

STEP 2 テントやタープをふく

テントやタープが雨や夜露で濡れていたり、樹液などで汚れていたらふいておく。そのまま乾いてしまうと、汚れがこびり付いてしまったり、生地や撥水性を劣化させる原因になる。

STEP 3 テント内を片付ける

マットをたたんだり、着替えをまとめたりして、テント内を片付ける。片付けた荷物は出入り口付近にひとまとめにしておく。

STEP 4 リビング、キッチンを片付ける

> チェアや
> テーブルの脚など
> 地面に接していた
> 部分は雑巾などで
> ぬぐっておこう

食器やクッカーなど、キッチンまわりの小物から先に片付けていく。ランタン、グリル、焚き火台などは前夜のうちに一部だけでも片付けておくと撤収時間を短縮できる。小物類を片付けたらチェアとテーブルをたたみ、汚れた部分はキレイにしておこう。

POINT テントを逆さまにして底面を乾かしておこう

テントの底面は、地面からの湿気でけっこう濡れる。テント内を片付けたらテントを逆さまにして底面を乾かしておく。ただし、ペグやロープで固定していないテントはちょっとした風でも転がっていく。ロープを使ってクルマなどとつないでおこう。同じタイミングでグランドシートも乾かしておくといい。

STEP 5 テントをたたむ

「本体の出入り口を少し開けておくとキレイにたためる」

張ったときと逆の順でテントをたたんでいく。本体（インナーテント）をたたむ際は、中の空気が抜けるよう、出入り口を少し開けておくのがポイント。

POINT ポールは真ん中からたたむ

ポールを端からたたむと、中のショックコードに余計な負担がかかり、切れやすくなってしまう。できるだけ真ん中からたたもう。

ペグは最後に抜く

STEP 6 タープをたたむ

幕体からサブロープを外したらポールを倒し、メインロープも外す。幕体とポールをたたんだ後、ペグを抜きロープをたたむ。

STEP 7 ペグなどの汚れを落とす

ペグの泥汚れは、水洗いするか2本をこすり合わせて落とす。炊事場でペグを洗ってはいけないキャンプ場もあるのでルールを確認しよう。

STEP 8 ゴミ拾い・ゴミ捨て

サイトに落ちているゴミを拾ってキレイにする。落とし物がないかどうかもチェック。ゴミはルールに従って分別し、指定の場所に捨てよう。

STEP 9 シートに荷物を並べてからクルマに積み込む

FINISH!

片付けた荷物は、シートの上などにひとまとめにしておき、最後にクルマに積み込もう。スムーズに積み込むコツだ。

LET'S GO CAMPING! >> 22

テント・タープのメンテナンス

テントやタープは使うほど劣化するし、火の粉や強風などで損傷することもある。
定期的にチェック&メンテナンスし、現場でのトラブルを防ごう。

●防水スプレーや撥水剤を塗布

テントのフライシートやタープの幕体の撥水性が落ちてきたら、防水スプレーや撥水剤を塗布する。

●縫い目からの雨漏りを防ぐ

縫い目が開くと、そこから雨漏りしてくる。シームテープ（写真）を貼ってアイロンで接着するか、シームシーラーというジェル状の溶剤を縫い目に塗布する。

●穴開きを直す

火の粉などで開いてしまった穴は、リペアシートを内側と外側の両方から貼って補修する。穴の大きさより少し大きめにするのがポイント。

●ロープのほつれを直す

ロープの先端がほつれている場合は、ライターの火であぶり、熱が完全に冷める前にペンチや指で形を整える。ヤケドに気を付けよう。

●ポールのショックコードを交換する

ポールの中に入っているショックコードは連結部分が傷みやすい。切れそうな場合は交換しよう。

●ファスナーの開閉をスムーズにする

ファスナーが開閉しにくくなった場合は、潤滑スプレーを塗布する。オイルタイプより、生地に染み込まないシリコンタイプがおすすめ。

LET'S GO CAMPING! >> 23

ランタンのメンテナンス

マントルは移動中の衝撃で壊れてしまうこともあるので、キャンプ場に到着したら状態を確認。ランタンの構造はシンプルなので、パーツの交換方法も覚えておくといい。

●マントルを交換する

マントルに穴が開いていたら交換する。そのまま使うと穴から噴き出す炎でグローブ(ランタンのガラス部分)が割れてしまうこともあるので、小さな穴でも交換した方がいい。マントルは消耗品だ。

●ジェネレーターを交換する

ポンピングは十分しているのに灯りが安定しなくなったら、ジェネレーター(加圧されたガソリンが気化する管)が詰まっている可能性がある。中にススがたまっていたり、大きく変形していたら交換しよう。

●ポンプノブに注油する

ポンプノブがスムーズに動かなくなったら、専用の潤滑油を注油する。ポンピングしても手応えがない場合は、ポンプカップ(ゴムパッキン)が劣化している可能性があるので、劣化していたら交換する。

POINT シーズンオフには燃料を抜いておく

しばらく使わないときは、写真のような専用の道具を使ってタンク内の燃料を抜いておこう。燃料が残っていると、タンク内が錆びたり、部品が腐食したりすることがある。

LET'S GO CAMPING! >> 24

シュラフのメンテナンス

肌に直接触れるシュラフは清潔にしておきたい。
メンテナンスをしないと、保温性が低下したりニオイの元になることもある。

●洗濯する

シュラフは手洗いが望ましいが、中綿が化学繊維のものは洗濯機で丸洗いできる場合がある。洗濯機で洗う際には弱水流コースを使い、中綿に洗剤が残らないようしっかりすすぎ、脱水する。

POINT ダウンのシュラフは手洗いが基本

中綿がダウンのシュラフは、ダウン専用の洗剤を使い、浴槽などで押し洗いする。洗った後はしっかりすすぎ、バスタオルなどで上から押さえるようにして水分を吸い取る。洗濯機で脱水したら陰干しで数日〜1週間程度、中綿が完全に乾くまで乾燥させる。乾燥させている間は、ときどき中綿の偏りをほぐすといい。メーカー・商品によって洗濯の方法が異なるので、ウェブサイトなどで確認を。

●広げて干す

風通しのよい日陰にできるだけ広げて干し、ときどき中綿をほぐして偏るのを防ぐ。数日〜1週間程度陰干しして、中綿が完全に乾くまで乾燥させよう。

中綿が完全に乾くまで陰干しする

●ストレージバッグに入れて保管する

ダウンのシュラフは、コンパクトな収納袋に詰め込んだままにしておくと、復元力が低下し、ふんわり感がなくなってしまう。保管用のストレージバッグに入れ、ゆったりと収納しておこう。

POINT シュラフのクリーニングを利用する

メーカーやクリーニング業者の中には、シュラフのクリーニングサービスを提供しているところもある。シュラフを自宅で洗濯するのはけっこう面倒だし、専門業者に頼んだ方が品質も確かだ。料金は4,000〜6,000円程度。

LET'S GO CAMPING! >> 25

クーラーボックスのメンテナンス

食材を入れるクーラーボックスは常に清潔に。
生ものを入れた場合は念入りに洗おう。

●中性洗剤で洗う

外側・内側とも、台所用の中性洗剤とスポンジを使って丸洗いする。底面も忘れずに洗おう。

POINT　パッキンを傷めるので漂白剤はNG

クーラーボックスの開口部などにゴムパッキンが使われている場合、漂白剤は使わない方がベター。ゴムパッキンは密閉性を高めるためのものだが、漂白剤で傷んでしまい性能が低下する恐れがあるためだ。

●水気をふく

洗い終わったらタオルなどで水気をふき取る。取っ手やパッキン、水抜き栓のすき間もしっかりふこう。

POINT　抗菌消臭剤でニオイ対策

洗ってもニオイが残ってしまう場合は、抗菌消臭スプレーなどを吹き付ける。保管するときも、庫内に消臭剤を入れておこう。

POINT　ソフトタイプも丸洗い

ソフトタイプのクーラーボックスも洗い方は同じ。丸洗いし、しっかり乾燥させてから保管しよう。

●しっかり乾燥する

風通しのよい日陰でふたを開けたまま干す。1～2日程度陰干しして、完全に乾くまで乾燥させよう。

ウォータータンクも水気をふき取った後、陰干しでしっかり乾燥させよう

パッキンを傷めないよう陰干しする

COLUMN 立ち寄りスポットの定番

道の駅と温泉

せっかくキャンプに行くなら、地域の魅力も堪能したい。
「道の駅」と温泉は、そんな立ち寄りスポットの代表格だ。

全国に広がる「道の駅」で新鮮な地元食材を調達

　食材は、自宅である程度下ごしらえをしておけば、現地で効率的に作業できる上、ゴミも減らせる。だが、キャンプに来てご当地の味覚を味わわないのはもったいない。そこで立ち寄りたいのが「道の駅」。最近は、スーパーにも地域の農産物を扱ったコーナーが増えているものの、品数や加工品などの充実度ではこちらが上。その場の雰囲気や活気も楽しい。

　道の駅での食材ハンティングは、午前中がベスト。生産者自らが食材を棚に並べに来ることも多く、まさに採れたてをゲットするチャンスだ。同様に、市場も新鮮食材の宝庫。近くにある場合は立ち寄ってみるといいだろう。

その地域ならではの食材に出合えるのも「道の駅」の魅力。そうした食材を使ったキャンプ料理も楽しいだろう。現在、「道の駅」は全国に1,100か所以上もあり、地域の観光情報なども入手できる。

チェックアウト後にひと風呂。疲れを癒やして家路につく

　キャンプ場でたっぷり遊んでリフレッシュした後は、温泉で体を癒やしてから帰るのもおすすめ。撤収作業の汗や汚れも流してスッキリ爽快だ。

　日本にはどの都道府県にも「温泉地」があり、その数は3,000か所以上。キャンプ場の周辺や道中に立ち寄りやすい日帰り温泉もたくさんあるので、温泉メインで行き先を決めてみるのも面白いだろう。キャンプ場では、情報や割引券を入手できることも多い。

　チェックアウト後に温泉に立ち寄る場合は、撤収時にタオルやバスタオル、着替えなどをあらかじめ選り分けておき、取り出しやすい位置に積み込んでおこう。

最近は、日帰り温泉プランを提供している高級旅館も多い。温泉が併設されている「道の駅」や高速道路のサービスエリアなどもあるのでチェックしてみよう。

OUTDOOR COOKING

PART 3

野外料理を楽しもう

食事はキャンプのメインイベント！
家庭のキッチンとは異なる環境で
最初はうまくいかないこともあるだろう。
でも、そんな失敗すら楽しい思い出になってしまうのがキャンプ。
自然の中で味わう料理とお酒の味はやっぱり格別だ。

OUTDOOR COOKING >> 1

キャンプ料理を楽しむコツ

キャンプだからと気負いすぎるのは失敗のもと。
ムリ＆ムダなく楽しむことが大切だ。

みんなで作る料理の味は最高！

適度に手を抜き
失敗も楽しむことが大切

　キャンプ料理は食べるのも作るのも楽しい。せっかくなら炭火や焚き火など、アウトドアならではの調理法にチャレンジしたい。とはいえ、気負いすぎは禁物。「ずっと料理をしていて会話を楽しむヒマがなかった」なんて本末転倒だ。また、火のコントロールが難しいアウトドアでは失敗もつきもの。適度に手を抜きつつ、失敗も含めて楽しめばOK！

牛肉のビール煮（P108）
コック・オー・ヴァン（P106）
スパニッシュシチュー（P107）

煮込み料理は失敗知らず！

煮込み料理は火加減さえ気を付ければ、放っておけば出来上がり。また、味が濃ければ水を足し、薄ければ塩を足せばいいので、初心者におすすめ！

アウトドア料理の第一人者
木村東吉流 キャンプ料理の心得

アウトドアでの食事の
メインディッシュは「景色と会話」。
暮れゆく夕陽を眺めながら、
あるいは銀色に輝く月の光の下で、
親しい友人、愛する家族と会話を楽しみ、
その雰囲気にふさわしい料理を
堪能すればいい。
いくらおいしいモノを作っても、
会話が途切れたり、
自然の移ろいを感じなければ意味がない。
難しく考えることはない。
「失敗も料理のスパイス」。
美しい自然が、いくらでも味覚を
フォローしてくれるのだ。

1 家である程度仕込んでおく
家で野菜や肉を切っておき、可能なものは冷凍しておくと保冷剤代わりになる。調理時間を短縮できる上、ゴミも減らせる。

2 分量や時間は「だいたい」でOK
細かい分量や時間、火加減などにこだわりすぎず、自分の感覚でやることも大事。豪快さも料理のスパイス！

3 便利な調味料をフル活用
チューブ調味料や味付け塩こしょうなど、手軽な調味料をフル活用。スープの素なども調味料として使える！

4 野外ならではの調理法で作る
焚き火や炭火を使ったり、スモーカーで燻製を作ったりと、野外ならではの調理法にチャレンジしてみよう。

本書で紹介する料理 P100～129 のジャンルと調理法

P100～129では、本書の監修者で、アウトドア料理の第一人者でもある木村東吉直伝のレシピを紹介。豪快な肉料理から1分で作れるおつまみ、食卓を華やかに彩るドリンクまで全44品!! アウトドアならではの調理テクニックもマスターしよう！

❶ 料理ジャンル
「メイン」「おつまみ」「朝食」「スイーツ」の4つのジャンルに分類して紹介。

❷ 調理法
「ダッチオーブン」「直火」「鍋」「フライパン」「ホットサンドメーカー」「まぜるだけ」の6つに分類して紹介。

❸ 調理時間
調理開始から完成までにかかる目安の時間。

POINT キャンプ料理のお約束

その1「ゴミをできるだけ出さない」
食材のトレー容器やペットボトルなどのゴミはできるだけ減らそう。前日までに買い出しと下ごしらえを済ませておき、食品用のコンテナ容器やストックバッグに入れておく。

その2「残さず食べきる」
初心者のうちは、食べきれないほどの量を作ってしまいがち。残さず食べきるのが基本だが、余ったら朝食にアレンジする、持ち帰るといったことを考えよう。

ゴミ捨て場がない場合は持ち帰ろう！

OUTDOOR COOKING >> 2

キャンプ料理の計画の立て方

1泊2日なら昼・夜・朝の3食ぶん。
どこに手間をかけるかを考えて計画を立てよう。

夕食のパンが余ったらフレンチトースト（P125）にアレンジ

昼と朝は手軽に済ませ夜だけ手間をかける

　1泊2日のキャンプなら、到着日の昼と夜、チェックアウト日の朝と、3食ぶんの計画を立てておこう。

　到着日の昼ごはんとチェックアウト日の朝ごはんは、設営・撤収があるので準備も後片付けも楽ちんなメニューがおすすめ。手間をかけるなら晩ごはんだが、もたもたしていると夜なのに料理ができていないということになりやすい。初心者のうちは、火おこしなどに手間取ることもあるので、準備に2時間程度見ておくといいだろう。

楽ちん！キャンプ料理のプラン例

Lunch 昼

お弁当やカップ麺だってOK。
食事は簡単に済ませてゆったり過ごす

弁当やカップ麺などで済ませてしまってもいい。これなら最低限の設営さえすればOKだ。現地の店で昼食を食べてからチェックインしても。

カップ麺　　お弁当　　おにぎり

Dinner 夜

朝食や別のメニューにアレンジしやすい献立に

おすすめは煮込み料理や鍋料理。朝食にアレンジするつもりなら少し多めに作っておく。パンやバゲットも余ったら翌朝のフレンチトーストに。

カレー　　煮込み料理　　ローストチキン

Breakfast 朝

チェックアウトの朝。
前夜の残りもので
スピーディーに

カレーならホットサンドの具、煮込み料理ならリゾットや雑炊というように、前夜の残りものをアレンジして上手に食べきり＆時短しよう。

ホットサンド　　リゾット・雑炊　　サンドイッチ

食べ始める時間から逆算して作り始めよう

火口の数や調理スペースに限りがあるアウトドアでは、調理時間の異なるメニューを組み合わせ調理する順番をずらす「時間差調理」が鉄則。食事のスタート時間から逆算して準備を始め、最初にメインの煮込み料理を仕込み、煮込んでいる間にそのほかの料理を作っていこう。不慣れなうちは思いのほか時間がかかる。早めに取り掛かろう。

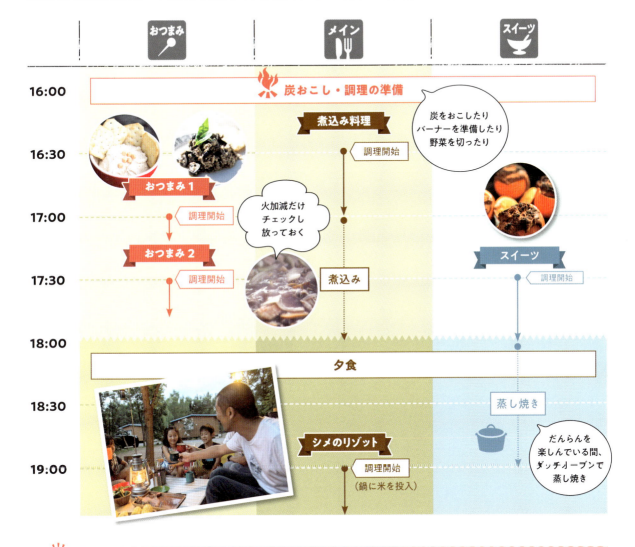

POINT

ダッチオーブンの下火は「弱火」が基本

ダッチオーブンは、下火・上火の両方で調理することが多いが、火加減が強いと食材が黒焦げになってしまう。下火は弱火にし、上火の炭の量で火加減を調整するのが基本だ。写真のように下火・上火とも炭を使う場合、下火の炭は鍋から少し離して囲むように置き、上火の炭は2〜4個が目安。下火がツーバーナーの場合は弱火にし、上火の炭の量は5〜10個を目安に火加減を調整するといいだろう。

● 上火・下火とも炭を使う場合

OUTDOOR COOKING >> 3

クーラーボックスの使い方

クーラーボックスはソフトタイプとハードタイプがある。
これから購入するならソフトタイプ×2つがおすすめだ。

食材用
調理に使う食材を入れておくクーラーボックス。保冷剤や氷は、傷みやすい食材の近くに入れ、常温でも保存可能な食材や冷気に弱い野菜類からは離しておこう。

ドリンク用
頻繁に出し入れするドリンク用のクーラーボックス。いつでも冷たい飲み物が飲めるよう、すき間と上部に保冷剤や氷を入れる。

保冷力ならハードクーラー。機能的でおすすめなのはソフトクーラー×2つ

クーラーボックスは、アウトドアでの冷蔵庫の代わりになるもので、ここに食材やドリンクを入れておく。ソフトタイプとハードタイプがあり、一般的に、ソフトタイプは軽量で折りたたみ可能な利便性、ハードタイプは保冷力に優れるといわれる。

冷蔵庫代わりなのでハードタイプの保冷力を重視したくなるが、2つのソフトタイプを「食材用」と「ドリンク用」で使い分けるのも便利だ。ハードタイプのクーラーボックスは、中身が空っぽになると「邪魔な箱」になってしまうが、ソフトタイプなら折りたたんで荷室を有効に使える。

ソフトタイプの保冷力を補うためには、冷凍できる食材をキャンプの2〜3日前から冷凍庫に入れ、カチコチに冷凍して保冷剤代わりにするといい。工夫次第でソフトタイプのメリットを活かせるのだ。

クーラーボックスが1つの場合の収納術

① 板氷は**真ん中**に入れ
傷む心配のある食材を**近くに置く**

② 散らかりやすい調味料は
袋に入れて収納する

③ 外からの熱を防ぐため
保冷剤を壁面に置く

④ 冷やしたいドリンク類の上に
かち割り氷を置く

⑤ 冷やさなくてもよい調味料や
野菜類は**保冷剤から離してOK**

**POINT　夏場の複数泊キャンプでは
クーラーボックスの氷を切らさない**

夏場や暑い時期に2泊3日以上のキャンプをする際、悩ましいのがクーラーボックスの保冷。2日目、3日目ともなると、保冷剤は溶けていることも多く、再冷凍できる環境もない。そんなときに役立つのが板氷。コンビニなどでも300円程度で販売している。夏場の複数泊キャンプでは氷を絶やさないことが食材を傷めないコツだ。

「長期キャンプだと保冷剤は溶けてしまう」

「板氷はコンビニなどで入手可能」

OUTDOOR COOKING >> 4

ガスツーバーナーの使い方

アウトドアでも自宅のコンロのように使えるガスツーバーナー。コンパクトで軽量、点火もワンタッチなので取り扱いが簡単だ。

\ 収納時の状態 /

厚さ 7cm！

重さ 4kg！

収納時の厚さは7cm、重さは約4kgと、女性でも持ち運べるサイズ。ガスカートリッジは2本使う。ガスの残量をチェックしておこう。

STEP 1 スタンドを立てる

START!

本体の裏側に収納されているスタンドを引き起こす。

STEP 2 ふたと風防を立てる

ふたを立てた後、ふたの内側に収納されているサイドの風防も立てる。

サイドの風防は本体の側面にクリップで固定する。

STEP 3 ガスカートリッジを装着する

グレート（ゴトク）をいったん外し、本体を横にすると作業しやすい。ガスカートリッジを本体裏側のリングに合わせ、しっかりとねじ込む。取り付けが終わったら本体を起こす。

STEP 4 グレートを装着する

グレートを収納時とは裏返しにして本体にセットする。

STEP 5 組み立て完了

初めてでも数分で組み立てられ、すぐに使うことができる。この手軽さがガス式の魅力。

STEP 6 つまみを回して点火する

点火の際は、ツマミを左に少し回してガスを出し、点火ボタンを数回押す。火加減はツマミを回して調節し、右に止まるまで回せば消える。

MEMO ガソリンツーバーナー

バーナーといえば、以前からあるガソリン式の方が定番。ガスは気温が低いと火力が安定しないが、ガソリン式は気温に左右されないのが魅力。無骨なデザインもカッコイイ。ただ、ポンピングやメンテナンスが必要なので、扱いに慣れるまではちょっと大変。

キッチンテーブルに設置可能

キッチンテーブルに設置する場合、スタンドは立てずに使う。

MEMO ガスカートリッジのサイズと使用時間

ガスカートリッジはサイズや用途によって数種類あるが、バーナーと同じメーカーのものを使おう。使える時間の長さは気温や火力によるが、小さい缶(約250g)で1時間、大きい缶(約500g)で2時間が目安。

OUTDOOR COOKING >> 5

ダッチオーブンの シーズニング

ダッチオーブンをはじめて使う前には、表面の不純物や鉄臭さを取り除く「シーズニング」を行う。"シーズニング不要"をうたった商品もあるが、やった方が料理は間違いなくおいしくなる。

準備するもの
① たわし
② 木ベラ(トングでもOK)
③ オリーブオイル
④ キッチンペーパー
　(ハケでもOK)
⑤ 野菜くず
　(ニンジンやセロリ、
　玉ねぎの皮など、
　香りが強いもの)
⑥ 新聞紙(数枚)

目指せ！ブラックポット!!

STEP 1　水をたっぷりと張り沸騰させる

START!

鍋に水をたっぷり張り、ふたをしてしばらく沸騰させる。沸騰させることで表面についている油やワックスなどの不純物を浮かせ、落としやすくする。

STEP 2　たわしでよくこする

湯を捨て、鍋とふたの全体をたわしでしっかりこする。全体をこすったら、ぬるま湯ですすぐ。スチールたわしは表面を傷つけるので使わない。

STEP 3 強火で空焼きする	STEP 4 全体にオリーブオイルを塗る
	 「オリーブオイルを塗って空焼き」を4、5回繰り返す
鍋とふたをそれぞれ強火であぶって水分を完全に飛ばす。鍋の中には何も入れずに空焼きする。10〜15分くらいあぶったら、火から外す。	鍋とふたが熱いうちにオリーブオイルを塗る（鍋の外側の底面は塗らなくてもOK）。STEP3とSTEP4の工程を4、5回繰り返し、STEP5へ。

STEP 5 野菜くずを炒めて鉄臭さを取り除く	STEP 6 仕上げにオリーブオイルを塗って保管
	 FINISH!
鍋とふたを強火にかけ、野菜くずをよく炒める。鉄臭さを取り除くためなので、香りが強い野菜の方がベター。炒めたら野菜を捨てる。	鍋とふたが熱いうちに全体にオリーブオイルを塗る。冷めたら新聞紙などでくるんで保管する。

POINT 使用後のメンテナンスもしっかりやろう

ダッチオーブンはメッキ加工されていないため、放っておくとすぐに錆びてしまう。ただし、しっかりメンテナンスをすれば10年でも20年でも使えるし、使えば使うほど味が出る。使用後は、右の手順でメンテナンスしよう。長年使い込まれることで油分がなじみ、全体が黒光りしたダッチオーブンを「ブラックポット」というが、ダッチオーブンを所有したからにはブラックポットを目指したい。なお、使用後に放置して錆びが浮いてきたとしても、少しであれば空焼きをした後にたわしでこすれば落ちることもある。しっかりメンテナンスし、"一生モノ"に育てよう。

ダッチオーブン使用後のメンテナンス手順

①汚れを落とし、すすぐ
たわしで汚れをこすり落とし、水またはぬるま湯ですすぐ。台所用洗剤は油分を落としてしまうので使わない。

②水を入れ湯を沸かす
鍋に水を張り、ふたをして沸騰させ、汚れを浮かす。沸騰後、しばらくしたら湯を捨てる。

③熱いうちに汚れをしっかり落とす
鍋とふたが熱いうちに全体をたわしでこする。汚れが落ちたらぬるま湯ですすぐ。

④空焼きして水分を蒸発させる
鍋とふたを、それぞれ強火であぶって水分を完全に飛ばす。煙が出るまであぶったら火から外す。

⑤オリーブオイルを塗ってなじませる
鍋とふたが熱いうちにオリーブオイルを塗る。鍋の外側の底面にも、錆び防止のためオリーブオイルを薄めに塗る。

⑥新聞紙にくるんでしまう
鍋とふたが冷めたら新聞紙にくるんで保管する。余分な油を吸収しつつ、湿気から守るには新聞紙が最適。

OUTDOOR COOKING >> 6

鍋でごはんを炊く方法

野外では気温や風の影響を受けるので、おいしくごはんを炊くのはちょっと難しい。
失敗はつきものと考え、失敗したら別の料理にアレンジして楽しもう。

キャンプでも
おいしいごはんが
食べたい!

ポイントは「しっかり浸水」「炊きはじめは強火」「じっくり蒸らす」

　おいしい料理には、やっぱりおいしいごはんが欠かせない。自宅では炊飯器を使うことが多いだろうが、キャンプでは鍋や飯ごうでごはんを炊く。ここでは、鍋を使った炊き方を紹介しよう。
　おいしく炊くためのポイントは3つ。
　ひとつめは「浸水」。浸水とは米に水を含ませることで、米の芯までしっかり火を通す上で欠かせない工程だ。30分以上は浸水させよう。
　次のポイントは火加減で、「炊きはじめは強火、その後は弱火」にすること。沸騰後は吹きこぼれないようチェックしながら、あとは弱火でコトコト炊く。この強火から弱火の切り替えが、ごはんの出来を左右する一番重要なポイントだ。
　その後、水気がなくなるまで加熱したら火から外し、いよいよ最後のポイント「蒸らし」。10分しっかり蒸らすことで、ふっくらとしたおいしいごはんになる。
　とはいえ、失敗はつきもの。もし、固いごはんになったらリゾットやチャーハンに、柔らかすぎたら溶き卵を加えて雑炊に、というように、アレンジして食べよう。
　なお、シーズニング済みのダッチオーブンは、油がコーティングされているので白米を炊くのには不向きだ。

鍋でおいしくごはんを炊く手順

STEP 1 米をすぐ START!
精米技術が進歩しているので米ぬかは少ない。研ぐというより、3～5回すすぐ程度で十分。

STEP 2 鍋に米と水を入れ浸水させる
30分以上浸水させる。米の透明感がなくなり、白濁したらOK。米をざるにあけて水を切り、鍋に戻す。

> 30分以上浸水させる

STEP 3 鍋に水を入れる
水の分量は米1合につき200～220mlが目安。固めのごはんが好みなら水は少なめ、柔らかめなら多めにする。

STEP 4 鍋にふたをし、強火で沸騰させる
鍋にふたをして強火にかけ、プクプクと泡立つまで沸騰させる。吹きこぼれに注意しながら火加減を調節して2分ほど沸騰させ、弱火にする。

> 炊きはじめは強火

STEP 5 弱火のまま水気がなくなるまで炊く
弱火のまま10～12分炊く。いったんふたを開けて水気が残っていないかどうかチェック。水気が残っているようなら1～2分ずつ確認しながら火にかけ、水気を飛ばす。

> 弱火で10～12分炊く

STEP 6 火から外して10分蒸らす
水気がなくなったら火から外し、ふたをしたまま10分蒸らす。蒸らすことで、ふっくらとした炊き上がりになる。

STEP 7 出来上がり
蒸らし終わったら、しゃもじで混ぜる。ふきんがあれば、鍋とふたの間に挟んでおくと米がベチャベチャにならない。

> 煮込み料理はごはんとの相性もGOOD！

こんがりチキンとリゾット風ライスが相性抜群
ミネソタチキンライス

ミネソタ州のある家庭で教わった家庭料理をアレンジ。
チキンのうま味がごはんにしみしみ。ガツガツいけるウマさ！

材料(4人分)

鶏モモ肉	3枚
スライスベーコン	100g(1〜1.5cm幅に切る)
玉ねぎ	1/2個(みじん切り)
セロリ	1本(5mm幅に切る)
ブロッコリー	1個(小房に分ける)
米	2カップ
顆粒コンソメ	大さじ2
塩、こしょう	各適量
おろしにんにく	適量
バター	適量
水	300㎖

作り方

❶鶏肉におろしにんにくを塗り、塩、こしょうをふる。
❷ダッチオーブンにバターを入れて中火にかけ、ベーコン、玉ねぎ、セロリを炒める。同時に、ダッチオーブンのふたの内側をフライパン代わりにして、中火で鶏肉の両面をこんがりと焼く(油は使わず皮面から)。
❸玉ねぎが透き通ってきたら、米、顆粒コンソメ、塩、こしょうを加えてさらに炒める。
❹米が少し透明になってきたら分量の水を加え、ブロッコリー、❷の鶏肉をのせる。ふたをして上火・下火で30分ほど炊く。
❺火から外して、全体をよく混ぜた後、ふたをして5分ほど蒸らす。

鮮魚を使っても
もちろんOK！

新提案！塩サバを使ってうま味アップ！
塩サバのアクアパッツァ

塩サバから出るだしでスープのうま味がグンとアップ。
鮮魚を使っていないから山キャンプでも気軽に魚料理を食べられる！

材料(4人分)

塩サバ(半身)	4枚
ブラックオリーブ(種なし)	10個(輪切り)
ケイパー(塩漬け)	40g
ミニトマト	10〜15個
(ヘタを取り半分に切る)	
おろしにんにく	適量
タイム(パウダー)	小さじ2
オリーブオイル	大さじ2

作り方

❶ダッチオーブンに塩サバを皮目を上にして並べ、オリーブ、ケイパー、ミニトマトをのせる。おろしにんにく、タイムを入れ、オリーブオイルをかける。
❷ふたをして上火・下火で30分ほど蒸し焼きにする。

トマトから水分が出るので水なしでOK！

> 香味野菜で肉の臭みを消してうま味がアップ！

ダッチオーブンでふっくらジューシーな仕上がり
ローストチキン

簡単な下ごしらえで、あとはダッチオーブンにおまかせ。
蒸し焼きだからうま味がギュッと凝縮されて、ふっくら&ジューシー。

材料(4人分)

丸鶏(内臓を除いたもの)	1羽
セロリ	1本(乱切り)
にんじん	2本(乱切り)
おろしにんにく	適量
塩、こしょう	各適量

作り方

❶丸鶏はペーパータオルに包んで一晩おき水気を取っておく。
❷丸鶏におろしにんにくをまんべんなく塗り、塩、こしょうをふる。
❸ダッチオーブンに丸鶏を入れ、まわりにセロリ、にんじんを入れる。
❹ふたをして上火・下火で1時間ほど蒸し焼きにする。

食卓で切り分けながら食べよう

メイン
ダッチオーブン
40min

火を入れすぎないのがポイント

柔らか&ジューシーなラムのかたまり肉に豪快にかぶりつく!

ラムラック

ダッチオーブンの上火と下火でレアに焼くのがミソ。
ラム肉好きにはたまらない一品。

材料(4人分)

- 骨付きラム肉(ラック※) ……… 500〜600g
- じゃがいも ……… 2個(1cm角に切る)
- Ⓐおろしにんにく、塩、こしょう ……… 各適量
- 塩、こしょう ……… 各少々
- オリーブオイル ……… 適量

※「ラック(Rack)」とは、子羊の肋骨に付いた肉のかたまりのこと。精肉店で注文するかインターネットなどでも手に入る。

作り方

❶ラム肉にⒶをまんべんなくまぶす。
❷ダッチオーブンに①を皮目を下にして入れて中火にかけ、全体にまんべんなく焼き色を付ける。
❸ふたをして上火・下火で25分ほど蒸し焼きにする。焼き上がったらラム肉を切り分ける。
❹フライパンにオリーブオイルを入れて中火にかけ、じゃがいもを炒め、塩、こしょうで味をととのえる。じゃがいもに火が通ったら、③を加え、軽く焼き色を付ける。

切り分けたラム肉の表面だけ軽く焼き色を付ける

> メイン ダッチオーブン 35min

> ソーセージは炭火であぶると香ばしさアップ！

あぶったソーセージの香ばしさが食欲をそそる

ザワークラウト

ドイツの保存食「ザワークラウト」をキャンプ仕様にアレンジ。
グリルしたソーセージの香ばしさが甘酸っぱいキャベツとベストマッチ。

材料(4人分)

キャベツ	1個(せん切り)
スライスベーコン	150g(細切り)
ソーセージ	8本
おろしにんにく	適量
A 酢	大さじ3
A 顆粒コンソメ	大さじ2
オリーブオイル	大さじ3

作り方

❶ダッチオーブンにオリーブオイル、おろしにんにくを入れて中火にかける。にんにくの香りが出てきたらキャベツ、ベーコン、Ⓐを入れて炒める。

❷キャベツがしんなりしてきたら、ふたをして10分ほど弱火で蒸し焼きにする。その間にグリルでソーセージを焼く。

❸②のダッチオーブンに焼いたソーセージを加え、ふたをして弱火で10分ほど蒸し焼きにする。

> 分量も作り方も「だいたい」でOK！

> ベーコンを加えれば、さらにボリュームアップ

メイン ダッチオーブン 50min

野菜とチーズで作るメイン料理
野菜のグラタン

肉ばかりのキャンプ飯に飽きたら野菜を使ったメイン料理を。
とろ〜りチーズがアクセントになってボリュームも十分！

材料(4人分)

卵	1個
じゃがいも	2個(3mm幅の輪切り)
なす	1本(5mm幅の斜め輪切り)
トマト	2個(5mm幅の輪切り)
青じそ	10枚(せん切り)
A [おろしにんにく、塩、こしょう	各適量
オリーブオイル	大さじ1
ピザ用チーズ	100g
オリーブオイル	適量

作り方

❶ボウルに卵を割りほぐし、Aを加えてよく混ぜる。

❷ダッチオーブンにオリーブオイルを入れて中火にかけ、じゃがいもとなすをそれぞれ炒める。焼き色が付くまで炒めたら、いったん取り出す。

❸❷のダッチオーブンにじゃがいもを敷き、なす、トマト、青じその順に重ねる。❶をまんべんなく回しかけ、チーズを全体に散らす。ふたをして上火・下火で30分ほど蒸し焼きにする。

> チーズは全体にたっぷりかけよう

> 付け合わせはマッシュポテトがベストマッチ！

赤ワインで煮込んだ鶏肉が絶品のフランス家庭料理
コック・オー・ヴァン

「コック」は鶏、「ヴァン」はワイン。フランスをはじめ、ワインの産地で定番の家庭料理。鶏肉と野菜のだしがしっかりと効いたコク深い味わい。

材料(4人分)

- 鶏モモ肉 ································ 2枚(ひと口大に切る)
- 鶏手羽中 ································ 10～12本
- スライスベーコン ···················· 150g(2㎝幅に切る)
- 玉ねぎ ···································· 2個(3㎝角に切る)
- にんにく ································ 2片(薄切り)
- A
  - 顆粒コンソメ ······················ 大さじ3
  - 小麦粉 ································ 大さじ2
- B
  - 赤ワイン ···························· 300㎖
  - 水 ······································ 100㎖
  - マッシュルーム(水煮缶・スライス) ····· 1缶(水気を切る)
- 塩、こしょう ···························· 各適量
- オリーブオイル ························ 適量

作り方

❶ダッチオーブンにオリーブオイル、にんにくを入れて中火にかける。にんにくの香りが出てきたら、鶏肉、手羽中を入れてきつね色になるまで炒める。
❷ベーコン、玉ねぎを加えて炒める。火が通ったらAを入れ、全体をよく混ぜながら炒める。
❸Bを加え、煮立ったら弱火にし、ふたをして30～40分煮込む。
❹塩、こしょうで味をととのえる。

> 放っておくだけで
> ごちそうシチューの
> 出来上がり♪

メイン ダッチオーブン 80min

ほんの少しのサフランで高級感のある味に！

スパニッシュシチュー

ダッチオーブンで煮込むことで鶏肉はほろほろに。
豚肉と野菜のうま味も味わえるごちそうシチュー。

材料（4人分）

鶏手羽中	15本
豚バラ薄切り肉	300g（5cm幅に切る）
にんじん	2本（ひと口大の乱切り）
ひよこ豆（水煮缶）	2缶
キャベツ	1/2個（ざく切り）
顆粒コンソメ	大さじ3
おろしにんにく	適量
サフラン	ひとつまみ
オリーブオイル	適量

作り方

❶ダッチオーブンにオリーブオイルを入れて中火にかけ、おろしにんにく、手羽中、豚肉、にんじんを炒める。

❷豚肉に火が通ったら、ひよこ豆（煮汁ごと）、キャベツ、顆粒コンソメを加える。煮立ったら弱火にし、ふたをして1時間ほど煮込む。

❸サフランを加えて混ぜ、2〜3分煮込む。

> サフランなしでも
> 立派なひと皿に

メイン ダッチオーブン 50min

滋味深いオトナの味わい

寒い季節にぴったりの煮込み料理
牛肉のビール煮

柔らかくておいしい、しかもお手ごろな牛ハラミ肉を使ったビール煮。
シチューのようなとろみがあって、じんわりと体にしみわたる。

材料(4人分)

牛ハラミ肉	300g(ひと口大に切る)
にんじん	2本(乱切り)
じゃがいも	3個(乱切り)
玉ねぎ	2個(3cm角に切る)
マッシュルーム(水煮缶・スライス)	1缶
ビール	500ml
おろしにんにく	適量
A 顆粒コンソメ	大さじ3
A 小麦粉	大さじ1
塩、こしょう	各適量
オリーブオイル	適量

作り方

❶ダッチオーブンにオリーブオイル、おろしにんにくを入れて中火にかける。にんにくの香りが出てきたら牛肉を入れ、塩、こしょうをふり、炒める。
❷肉に焼き色が付いたら、にんじん、じゃがいも、玉ねぎを加え、5分ほど炒める。
❸水気を切ったマッシュルーム、Aを加えて混ぜ、全体がよくなじんだら、ビールを加える。ふたをして上火・下火で30分ほど煮る。

ビールの苦みがコクに変わる！

驚くほど柔らかい食感
鶏と玉ねぎの甘酢煮

ほんのりと甘酸っぱいシンプルな煮込み料理。
やさしい味わいで、子どもにも大人にも大人気。

> 子どもがパクパク食べる！

材料(4人分)

- 鶏モモ肉 …… 2枚(ひと口大に切る)
- にんにく …… 1片(薄切り)
- 玉ねぎ …… 4個(くし形に切る)
- A
  - 酢 …… 200ml
  - 水 …… 100ml
  - 顆粒コンソメ …… 大さじ3
- バター …… 適量
- 塩、こしょう …… 各適量
- オリーブオイル …… 適量
- ローズマリー(好みで) …… 適量

作り方

❶ ダッチオーブンにオリーブオイル、バターを入れて中火にかけ、にんにく、玉ねぎを炒める。
❷ 玉ねぎが透き通ってきたら鶏肉を加え、塩、こしょうをふり、炒める。
❸ 鶏肉に軽く焼き色が付いたら、Aを加える。煮立ったら弱火にし、ふたをして30〜40分煮込む。器に盛り、ローズマリーをのせる。

メイン / ダッチオーブン 60min

腹持ちのいいランチ向き煮込み料理
中華シチュー

ささっと食べられる煮込み料理はランチにもぴったり。
押し麦の食感、八角の中華風味がクセになる！

> ひと皿で1食ぶんの食べごたえ

メイン / 鍋 110min

材料(4人分)

- 豚バラ薄切り肉 …… 200g (3cm幅に切る)
- 大根 …… 1/2本(短冊切り)
- にんじん …… 1本(短冊切り)
- ブロッコリー …… 1個(小房に分ける)
- 押し麦 …… 100g
- A
  - 八角 …… 2個
  - しょうゆ …… 大さじ5
  - がらスープの素 …… 大さじ2
  - 砂糖 …… 小さじ2
  - おろしにんにく、おろししょうが …… 各適量
- サラダ油 …… 適量
- 水 …… 1,000ml
- ごま油 …… 適量

作り方

❶ 鍋にサラダ油を入れて中火にかけ、豚肉を炒める。肉に火が通ったら大根、にんじん、ブロッコリーを加えて5分ほど炒める。
❷ 水を加え、沸騰したら弱火にし、30分ほど煮込む。
❸ 押し麦、Aを加えて、弱火で1時間ほど煮込む。仕上げにごま油を回しかける。

メイン まぜるだけ 15min

ハラペーニョソースはタバスコで代用可能

ザツィキ（ギリシャ）　サルサトリコロール（メキシコ）　ワカモレ（メキシコ）

ディップを変えてBBQをアレンジ！
3種のディップソース

いつも同じ「焼肉のタレ」じゃつまらない。
ディップを変えて世界各国のBBQを楽しもう！

サルサトリコロールやワカモレを使って手軽に1品

材料(4人分)

◎ザツィキ
- 無糖ヨーグルト …… 400〜450g（ペーパータオルを敷いたざるに入れて一晩おき、水気を切る）
- ブラックオリーブ（種なし） …… 15個（みじん切り）
- きゅうり …… 1/2本（みじん切り）
- おろしにんにく …… 適量
- 塩 …… 大さじ1/2
- レモン汁 …… 大さじ1/2

作り方
すべての材料をボウルに入れてよく混ぜる。

材料(4人分)

◎サルサトリコロール
- ピーマン …… 4個（みじん切り）
- トマト …… 2個（ヘタを取り粗みじん切り）
- 玉ねぎ …… 1個（みじん切り）
- パクチー …… 適量（みじん切り）
- ハラペーニョソース …… 大さじ1
- おろしにんにく …… 大さじ1/2
- 塩 …… 大さじ1/2
- オリーブオイル …… 大さじ3

作り方
すべての材料をボウルに入れてよく混ぜる。

材料(4人分)

◎ワカモレ
- サルサトリコロール …… 2人分
- アボカド …… 1個
- レモン汁 …… 少々
- サワークリーム …… 100g
- 塩 …… 少々

作り方
アボカドをボウルに入れてよくつぶし、レモン汁をまぶす。残りの材料を加えてよく混ぜる。

材料(4人分)

◎ケサディーヤ
- トルティーヤ（市販品） …… 4枚
- ピザ用チーズ …… 適量
- サルサトリコロール、ワカモレ …… 各適量

作り方
❶フライパンにトルティーヤを1枚入れ、チーズ、水気を切ったサルサトリコロールやワカモレを好みでのせる。
❷半分にたたんで中火にかけ、ほどよく焼き色が付くまで両面を焼く。残りも同様に作る。

ギリシャ風BBQ

爽やかなザツィキの味わい

材料(4人分)

- 豚ロース肉(とんかつ用) ……… 2枚
- ソーセージ ……… 8本
- A ┌ おろしにんにく、
  │ 塩、こしょう、
  └ セージ(パウダー) ……… 各適量
- ピタパン(市販品) ……… 4枚(半分に切る)
- きゅうり ……… 2本(斜め薄切り)
- ザツィキ ……… 適量

作り方

① 豚肉の両面に、Aをまんべんなく塗る。
② グリルで①とソーセージをこんがりと焼く。傍らでピタパンをあぶる。
③ 焼き上がった豚肉を1cm幅に切る。ソーセージは斜め半分に切る。
④ ピタパンに、③、きゅうり、ザツィキを挟む。

メキシカンBBQ

辛くないから子どももOK!

材料(4人分)

- 豚ロース肉(とんかつ用) ……… 2枚
- 鶏モモ肉 ……… 2枚
- A ┌ おろしにんにく、
  │ コリアンダー(パウダー)、
  └ 塩 ……… 各適量
- トルティーヤ(市販品) ……… 8枚
- サルサトリコロール、
  ワカモレ ……… 各適量

作り方

① 豚肉と鶏肉を包丁の背でまんべんなくたたき、Aを塗る。
② グリルで①をこんがりと焼く。傍らでトルティーヤをあぶる。
③ 焼き上がった豚肉と鶏肉を1cm幅に切る。
④ トルティーヤに、③、サルサトリコロールやワカモレを包む。

タイ風BBQ

スイートチリソースが味の決め手

材料(4人分)

- 鶏モモ肉 ……… 2枚(牛乳に半日つける)
- A ┌ ナンプラー ……… 大さじ4
  │ 砂糖 ……… 小さじ1
  │ おろしにんにく、
  └ コリアンダー(パウダー) ……… 各適量
- さつま揚げ ……… 4枚
- きゅうり ……… 1本(みじん切り)
- スイートチリソース ……… 大さじ3
- パクチー(好みで) ……… 適量

作り方

① 鶏肉はペーパータオルで水気をふき、混ぜ合わせたAを塗る。
② グリルで①とさつま揚げをこんがりと焼く。食べやすい大きさに切る。
③ ②を器に盛り、好みでパクチーを飾る。きゅうりとスイートチリソースを混ぜ合わせたソースを添える。

牛肉100%のパテをがっつりほお張る
牛肉のうま味を味わうハンバーガー

牛肉のうま味がギュッと凝縮されたパテを炭火でグリル。
お昼ごはんやバーベキューのシメにも◎。

メイン／直火 40min

肉を混ぜるときはビニール袋に入れると手が汚れない

材料（4人分）

- 牛ひき肉 ……………… 200g
- 玉ねぎ ……………… 1/3個（みじん切り）
- A
  - パン粉 ……………… 大さじ3
  - 牛乳 ……………… 大さじ2
  - 卵 ……………… 1個
  - 塩、こしょう、おろしにんにく ……………… 各適量
  - ナツメグ ……………… 少々
- パン（ハンバーガーバンズ） ……………… 4個
- サニーレタス ……………… 4枚（適当な大きさにちぎる）
- トマト ……………… 1個（輪切り）
- マヨネーズ、ケチャップ ……………… 各適量
- バター ……………… 適量
- サラダ油 ……………… 適量

作り方

❶パテを作る。フライパンにサラダ油を熱し、玉ねぎを炒める。透き通ったらバットに取り出し、粗熱を取る。
❷ボウルに牛ひき肉を入れ、練り混ぜる。粘りが出てきたら、①、Aを加えてよく混ぜる。4等分し、円形に整える。
❸②をグリルで焼く。グリルの端の方でパンを軽くあぶっておく。
❺パンの下半分の内側にバターを塗り、レタス、トマトをのせ、マヨネーズをかける。パテを重ね、ケチャップをかけ、パンの上半分をのせる。残りも同様に作る。

パテの焼き上がりを見計らってパンを焼く

メイン フライパン 25min

肉を焼く前にフライパンを十分に熱する！

ミディアムレアなら1分30秒〜2分ずつ両面焼くのが目安

チーズ風味のリゾットを添えたおしゃれなメインディッシュ
ニューヨークステーキ&リゾット

塩・こしょうとにんにくを利かせたステーキに、食欲をそそるチーズ風味のリゾットを添えれば子どもも大人も大満足の一皿に。

材料(4人分)

◎リゾット
- 米 ……………… 2カップ
- オリーブオイル … 大さじ1
- 顆粒コンソメ … 大さじ1/2
- 湯 ……………… 500㎖
- 生クリーム ……… 70㎖
- 粉チーズ ……… 大さじ2

◎ステーキ
- 牛ステーキ肉 ……… 4枚
- おろしにんにく ……… 適量
- 塩、こしょう ……… 各少々
- オリーブオイル ……… 適量

作り方

◎リゾット
❶顆粒コンソメは分量の湯で溶き、スープを作っておく。
❷フライパンにオリーブオイルを入れて中火にかけ、米を炒める。透き通ってきたら、①のスープをおたま1杯分加え、ときどき混ぜながら煮詰める。汁気がなくなってきたらスープを加える。米がほどよい硬さになるまでこれを繰り返す。
❸生クリームと粉チーズを加え混ぜ、ひと煮立ちしたら火を止める。

◎ステーキ
❶牛肉におろしにんにくをまんべんなく塗り、塩、こしょうをふる。
❷フライパンにオリーブオイルを中火で熱し、牛肉を入れ、好みの焼き加減で焼く。
❸器に盛り、リゾットを添える。

> 食べやすいリボンパスタを使うのもポイント

お湯を捨てない！キャンプ仕様のエコな調理法
リボンパスタのカルボナーラ

パスタはキャンプに不向きという"常識"を覆す調理法。
お湯を捨てない＆鍋もひとつでOKという斬新なカルボナーラ。

材料(4人分)

- パスタ(ファルファッレ) ………………… 320g
- スライスベーコン ………… 100g(5mm幅に切る)
- 生クリーム ……………………………… 100㎖
- 水 ………………………………………… 300㎖
- 塩 ……………………………………… 大さじ1/2
- オニオンコンソメスープの素(市販品) … 1食分(クルトンは取り除く)
- 溶き卵 …………………………………… 1個分
- おろしにんにく ………………………… 適量
- 塩、こしょう …………………………… 各少々
- 粉チーズ、粗びき黒こしょう(好みで) … 各適量

作り方

❶鍋に分量の水を入れて中火にかける。沸騰したら塩、スープの素を加え、パスタ、ベーコンをゆでる。
❷汁気がなくなってきたら生クリーム、おろしにんにくを加え、ひと煮立ちさせる。
❸溶き卵を少しずつ加え混ぜ、すぐに火から外す。塩、こしょうで味をととのえる。器に盛り、好みで粉チーズ、粗びき黒こしょうをふる。

4種のスパイスで作る簡単&本格カレー

キーマカレー

本格的なスパイスカレーが驚くほど簡単。
辛さを抑えれば子どもでもおいしくいただけるメインディッシュに。

材料(4人分)

豚ひき肉	200g
玉ねぎ	1/2個(みじん切り)
なす	1本(粗みじん切り)
グリーンピース(缶詰)	1缶
トマト	2個(粗みじん切り)
無糖ヨーグルト	100g
おろしにんにく	適量
A 顆粒コンソメ、クミン、コリアンダー、ターメリック	各大さじ1
塩	小さじ2
ガラムマサラ	小さじ1
ナン(市販品)	4枚
オリーブオイル	適量

メイン / 鍋 45min

辛さが足りないときは唐辛子パウダーをプラス

辛いのが苦手な場合はガラムマサラを少なめに

作り方

❶鍋(フライパンでも可)にオリーブオイルを入れて中火にかけ、おろしにんにく、豚ひき肉、玉ねぎを炒める。
❷肉に火が通ったらなす、グリーンピース、トマト、ヨーグルト、Aを加え、ときどき混ぜながら、30分ほど煮詰める。
❸フライパンでナンを焼く。
❹②のカレーを器に盛り、ナンを添える。

余ったらホットサンドの具にしてもおいしい！

> 火を使う時間が短いので暑い日にもおすすめ！

余熱で火を入れるのがウマさの決め手
牛肉のたたき風

下味を付けて30分、アルミホイルで包んで10分放置。
その間に別の料理も作れちゃうお手軽さも◎。

材料(4人分)

牛ロースかたまり肉	400g
玉ねぎ	1個(薄切りにして水にさらす)
にんにく	1片(薄切り)
A しょうゆ	大さじ2
A おろしにんにく	適量
A 塩、こしょう	各適量
ポン酢	適量
サラダ油	適量

作り方

❶牛肉にAをまんべんなくまぶし、30分以上おく。
❷フライパンにサラダ油を薄く入れて中火にかける。①を入れ、転がしながら全体に焼き色を付ける。※中身はレア
❸アルミホイルで②を包み、10分ほどおき、余熱で火を通す。
❹③を薄く切って器に盛り、水気を切った玉ねぎ、にんにくをのせ、ポン酢をかける。

おつまみ フライパン 15min

エビは火を通しすぎると硬くなるので注意

メイン料理にもおつまみにもなるバル風おかず

エビとマッシュルームのアヒージョ風

素材のうま味が溶け出したスープもごちそう。
バゲットをスープに浸して丸ごと味わおう。

材料(4人分)

- エビ……………20尾(殻・背ワタを取り除く)
- マッシュルーム………10〜15個(縦に四つ割り)
- にんにく………………………2片(みじん切り)
- A
  - 白ワイン……………………………大さじ3
  - バター…………………………………適量
- バジルの葉………………5、6枚(粗みじん切り)
- 塩、こしょう…………………………各適量
- オリーブオイル…………………………適量

作り方

❶フライパンにオリーブオイル、にんにくを入れて中火にかける。
❷にんにくの香りが出てきたら、エビ、マッシュルームを加え、塩、こしょうをやや強めにふり、炒め合わせる。
❸エビに火が通ったら、A、バジルを加え、アルコール分が飛ぶまで炒める。

バゲットと白ワインでカンパイ!

おつまみ
フライパン
20 min

じゃがいもに香ばしく焼き色が付くまで炒める

スープの素を使って時短&失敗知らず
ベイクドポテト

みんな大好きなベイクドポテト。
味付けにスープの素を使うから誰でも簡単においしく作れる！

材料(4人分)

- スライスベーコン ……… 100g(2cm角に切る)
- じゃがいも ……… 3個(2〜3cm角に切る)
- ブロッコリー …1個(小房に分けて下ゆでする)
- オリーブオイル、バター、おろしにんにく
  ……………………………………… 各適量
- オニオンコンソメスープの素(市販品)
  ……………… 1食分(クルトンは取り除く)
- 塩、こしょう ……………………… 各少々
- ナツメグ(好みで) ………………… 適量

作り方

❶フライパンにオリーブオイル、バター、おろしにんにくを入れて中火にかける。にんにくの香りが出てきたら、ベーコン、じゃがいもを加えて炒める。
❷じゃがいもに火が通ったら、ブロッコリー、スープの素を加え、塩、こしょうで味をととのえる。好みでナツメグをふり、じゃがいもに焼き色が付くまで炒める。

アツアツのうちにフライパンのまま食卓へ

全部の材料をオイルで煮るだけ。失敗なしの簡単おかず

きのことソーセージのアヒージョ

アヒージョとはスペイン語で"刻んだにんにく"。
にんにくの風味でお酒も進む一品。

パンをオイルに浸してもウマイ

おつまみ フライパン 20min

材料（4人分）

- ソーセージ……10本（8mm幅に切る）
- エリンギ……2本（食べやすい大きさに切る）
- しめじ……1/2パック（石づきを取り小房に分ける）
- にんにく……2片（みじん切り）
- ローズマリー（生、乾燥どちらでも可）……適量
- オリーブオイル……70㎖
- 塩、こしょう……各少々
- 白ワイン……大さじ1

作り方

❶フライパンにオリーブオイル、にんにく、ローズマリーを入れ、中火で炒める。
❷香りが出てきたらローズマリーを取り出し、ソーセージ、エリンギ、しめじを入れて煮る。
❸きのこに火が通ったら、塩、こしょうで味をととのえる。白ワインを加え、アルコール分が飛ぶまで煮る。

ごませんべいの香ばしさと食感がアクセント！
カズちゃんの生春巻き

具材をお皿にざっと並べて、手巻き寿司感覚でワイワイ巻くのも楽しい。ファミリーキャンプの新定番メニューになりそう！

おつまみ　鍋　20min

材料(4人分)

- 豚ロース薄切り肉 …… 150g(2cm幅に切る)
- カニ風味かまぼこ …… 5、6本(適当に割く)
- 春雨 …… 40g
- サニーレタス …… 3、4枚(せん切り)
- パクチー …… 適量(粗みじん切り)
- ごませんべい …… 3枚(粗めに砕く)
- ライスペーパー …… 8枚
- スイートチリソース、マヨネーズ …… 各大さじ1

作り方

❶春雨と豚肉はゆでておく。春雨は適当な長さに切る。
❷ライスペーパーを水にさっとくぐらせ、皿の上に広げる。手前に具材をのせて巻き込む。食べやすい大きさに切る。
❸スイートチリソースとマヨネーズを混ぜ合わせたソースを添える。

> 木村東吉の友人・カズちゃん考案のレシピ。ごませんべいは必ず最後に入れて食感を楽しもう！

クラッカーや
パンにのせて
いただこう

おつまみにも、肉料理の付け合わせにもぴったり！
赤・白・緑のマッシュポテト

食卓をカラフルに彩る3色のマッシュポテト。
市販のパスタソースを使うのであっという間に完成！

材料（4人分）

マッシュポテトの素（市販品） ……………… 100g
オリーブオイル …………………………… 大さじ1
◎赤
　明太子のパスタソースの素（市販品）…… 1食分
　マヨネーズ ……………………………………… 少々
◎白
　おろしにんにく …………………………………… 適量
　レモン汁 ………………………………… 大さじ1
◎緑
　バジルのパスタソースの素（市販品）…… 1食分

作り方

❶マッシュポテトの素を湯（分量外）で溶き、オリーブオイルを加えてよく混ぜる。
❷①を3等分し、それぞれに赤、白、緑、の材料を加え、よく混ぜる。器に盛り、好みで赤にミニトマト、白にレモンスライス、緑にバジルの葉を飾る。

鮮やかな彩りで
気分も上がる♪

キャンプつまみの常連メニュー！？
岡センパイのなめろう 和風

みょうがと大葉の爽やかな香りが食欲をそそる和風おつまみ。

> 木村東吉の友人・岡センパイ直伝のレシピ

材料（4人分）
- サバ（水煮缶）……… 1缶
- A ┌ おろしにんにく、
     │ おろししょうが …… 各適量
     └ しょうゆ、砂糖 …… 各少々
- 一味唐辛子 ……… 適量
- みょうが、青じそ ……… 各適量（せん切り）

作り方
1. 鍋に水気を切ったサバ、Aを入れて中火にかけ、ヘラで崩しながら炒める。
2. 水気がなくなってきたら一味唐辛子を加え混ぜる。器に盛り、みょうが、青じそを飾る。

サバ缶が洋風おつまみに変身！
岡センパイのなめろう 洋風

ブラックオリーブとタイムの風味が効いたイタリアンおつまみ。

> クラッカーにのせて食べるのがおすすめ！

材料（4人分）
- サバ（水煮缶）……… 1缶
- ブラックオリーブ（種なし）……… 15～20個（輪切り）
- タイム（パウダー）……… 小さじ1
- 塩、こしょう ……… 各少々
- オリーブオイル、バジルの葉 ……… 各適量

作り方
1. 鍋に水気を切ったサバ、ブラックオリーブ、タイムを入れて中火にかけ、ヘラで崩しながら炒める。
2. 水気がなくなってきたらオリーブオイルを加えて混ぜ、塩、こしょうで味をととのえる。器に盛り、バジルを飾る。

クリームチーズとスープの素を混ぜるだけ
1分オニオンクリームチーズ

「とりあえずの一品」にぴったりの簡単おつまみ。
超速でできるのにクセになるおいしさ！

ほんのひと手間で立派なおつまみに変身

材料（4人分）
オニオンコンソメスープの素（市販品）
　………1食分（クルトンは取り分ける）
クリームチーズ………………100g
クラッカー……………………適量

作り方
❶ボウルにクリームチーズ、スープの素を入れてよく混ぜる。
❷器に盛り、クルトンを飾り、クラッカーを添える。

> ハンバーグは「ソース付き」だと焦げやすいので「ソースなし」を使う

朝食 ホットサンドメーカー 10min

レトルトハンバーグで簡単＆時短ホットサンド
ハンバーグのクロックムッシュ

何かとバタバタするチェックアウトの朝。
レトルト食品をかしこく使って楽ちんに済ませちゃおう。

材料（4人分）

レトルトハンバーグ	4個
卵	4個
イングリッシュマフィン	4個（横半分に切る）
バター	適量
ケチャップ、マヨネーズ（好みで）	各適量

作り方

❶ホットサンドメーカーを中火にかけ、ハンバーグ1個を入れ、その横に卵1個を割り入れる。上ぶたを閉じて5分ほど焼き、取り出す。
❷ホットサンドメーカーにバターを塗り、マフィンの下半分を入れる。その上に①をのせ、ケチャップやマヨネーズをかけ、マフィンの上半分を重ねる。上ぶたを閉じて弱火で2分ずつ両面を焼く。残りも同様に作る。

ホットサンドメーカーひとつで作れる！

余ったパンで作る
フレンチトースト

前夜のディナーでパンやバゲットが余ったら、朝ごはんはコレで決まり。

材料(4人分)
食パン
… 4～6枚(ひと口大に切る)
牛乳 ……………… 200㎖
溶き卵 ……………… 2個分
バター ……………… 適量
メープルシロップ、
ケチャップ(好みで) …各適量

作り方
❶食パンを牛乳、溶き卵の順にくぐらせる。
❷フライパンにバターを入れて中火にかけ、①の両面を焼く。
❸器に盛り、メープルシロップやケチャップをかけていただく。

朝食 フライパン 15min

ケチャップ、メープルシロップ、はちみつなど、味変えも楽しい

アメリカンの定番朝ごはん
ピギーブランケット

アメリカンな朝食の定番。パンケーキの甘さとソーセージの塩味が絶妙に合う!

材料(4人分)
Ⓐ ┌ ホットケーキミックス
  │ ……………… 200g
  │ 牛乳 ……………… 100㎖
  └ 卵 ……………… 1個
ソーセージ ……16～20本
バター ……………… 適量
サラダ油 ……………… 適量

作り方
❶ボウルにⒶを入れて、粉っぽさがなくなるまで混ぜる。
❷フライパンにバターを入れて中火にかけ、①をおたま1杯分ずつ入れて両面を焼く。
❸別のフライパンにサラダ油を入れて中火にかけ、ソーセージを焼く。
❹②で③を包む。

朝食 フライパン 15min

ソーセージの代わりにポークリンクスを使うとより本格的

万能ダッチオーブンでおやつも！
オレンジブラウニー

オレンジの器で見た目もかわいい。
みんな大好きチョコレートケーキ。

材料(4人分)

オレンジ……………………4個
A［ ブラウニーミックス粉
　　　　　　　　約80g※
　　卵……………………1個
　　バター………30〜50g※
　　（湯せんで溶かしておく）］

※使用するブラウニーミックス粉によって、粉・バターの量は異なります。

作り方

❶オレンジはヘタから1/5くらいを横に切り、ヘタ側はふたにする。下の部分は果肉をくり抜き、器にする。くり抜いた果肉、果汁は取っておく。
❷ボウルにA、①の果肉と果汁を入れ、粉っぽさがなくなるまでヘラでよく混ぜる。①の器の半分くらいまで入れ、①のふたをする。
❸②をダッチオーブンに並べ入れ、ふたをして上火・下火で40分ほど蒸し焼きにする。

チョコレートとオレンジは鉄板の組み合わせ

かぼちゃを崩しながらいただく
スイートパンプキン

レーズンのほどよい酸味がアクセント。
かぼちゃの季節にぴったりのおやつ。

材料(4人分)

かぼちゃ…………………1個
レーズン………………100g
A［ バター………………20g
　　はちみつ………大さじ5
　　シナモンパウダー
　　　　　　　　小さじ2］

作り方

❶かぼちゃはヘタから1/4くらいを横に切り、ヘタ側はふたにする。下の部分は種とワタをスプーンで取り、器にする。
❷①の器に、レーズン、Aを入れ、①のふたをする。
❸ダッチオーブンに②を入れ、ふたをして上火・下火で1時間ほど蒸し焼きにする。
❹かぼちゃを崩しながらレーズンと混ぜていただく。

ほくほくおいしい女性ウケスイーツ

焼くと甘みがさらにアップ
焼きチョコバナナ

焼きバナナの濃厚な甘みと
トロトロの食感がたまらない！

材料(4人分)

バナナ ……………………… 8本
コーンフレーク、
チョコレートソース(市販品)
……………………… 各適量

作り方

❶バナナは皮付きのまま、火のついた炭床に入れる。皮が真っ黒になるまで15分ほど焼く。
❷①を皮をむいて器に盛り、コーンフレークをのせ、チョコレートソースをかける。

コーンフレークが食感のアクセント

お好みのフルーツで楽しむ
チョコフォンデュ

手近にある調理器具と材料を使って
みんなでチョコフォンデュパーティー。

材料(4人分)

板チョコレート
……………… 1枚(細かく割る)
生クリーム ……………… 50㎖
好みのフルーツ、
マシュマロ …………… 各適量

作り方

❶フライパンに水（分量外）を1㎝程度入れて中火にかけ、沸騰したら弱火にする。
❷チョコレートを耐熱皿に入れ、①で湯せんしながら生クリームを少しずつ加えてチョコレートを溶かす。
❸フルーツやマシュマロを①につけていただく。

ビスケットなど、いろいろつけて楽しもう！

\ 食卓をおしゃれに彩る /
簡単ドリンク
レシピ *Drink Menu*

キャンプの楽しい夜に華を添える
手作りカクテルを紹介。
テントサイトがおしゃれなバーに変身!

パパのモヒート

「パパ」と呼ばれるアメリカの文豪・ヘミングウェイが愛したといわれるモヒートを簡単レシピで。

◉ **材料(1杯分)**

A	ラム酒	30㎖
	レモン汁	小さじ1

クラッシュアイス　　適量
炭酸水　　　　　　100㎖
ミントの葉　　　　　適量

◉ **作り方**

❶シェイカーにA、クラッシュアイスを入れてよく振る。
❷グラスに①、炭酸水を注ぎ、ミントをのせる。
※ミントの葉をつぶしながら飲む。

娘たちのテキーラサンライズ

木村東吉がキャンプや自宅などで娘、息子たちに決まって振る舞うカクテル。成人した子どもたちとの語らいに。

◉ **材料(1杯分)**

A	オレンジジュース	150㎖
	テキーラ	30㎖

グレナディンシロップ　15㎖

◉ **作り方**

❶シェイカーにAを入れてよく振り、グラスに注ぐ。
❷グレナディンシロップを①のグラスにゆっくりと注ぐ。

焚き火の前で
ハードボイルドに
浸る

マーロウのギムレット

小説『長いお別れ』の主人公フィリップ・マーロウと、作中の名セリフ「ギムレットには早すぎる」にちなんで。

◉ **材料(1杯分)**

ジン、ライムの搾り汁　各30㎖
クラッシュアイス　　　　適量

◉ **作り方**

シェイカーにすべての材料を入れてよく振り、グラスに注ぐ。

スイート ソルティドッグ

本来のグレープフルーツジュースをライチジュースに変えて。甘めなので飲みすぎにはご注意を。

◉材料（1杯分）

塩 ……………………………… 適量
A ┌ ライチジュース ………… 90㎖
　└ ウォッカ ………………… 30㎖
クラッシュアイス …………… 適量

◉作り方

❶グラスのふちを水で軽く濡らし、塩を付ける。
❷シェイカーにA、クラッシュアイスを入れてよく振り、①のグラスに注ぐ。

体の中から リラックス

アルコール0%
ほんのり甘い ホットルイボスティー

肌寒い日には、あったかいドリンクを。はちみつの甘さで心までじんわり温まる。

◉材料（1杯分）

ルイボスティー（ホット）
……………………………… 150㎖
はちみつ ……………………… 適量

◉作り方

ルイボスティーにはちみつを入れて混ぜる。

アルコール0%
ノンアルコール サングリア

フレッシュフルーツの甘みと酸味が爽やか。ノンアルコールなので子どもも大喜び！

◉材料（4人分）

カットフルーツ
（りんご、オレンジ、キウイなど）
……………………………… 適量
オレンジジュース ……… 300㎖
グレナディンシロップ … 20㎖

◉作り方

❶ボトルにフルーツ、オレンジジュースを入れて軽く混ぜる。
❷グレナディンシロップをボトルに注ぐ。

長年使い込まれて味のある木村東吉愛用のナイフ。右がフォールディングナイフで、左がシースナイフ。シースナイフは、メタルマッチのスターターとして使えるようブレードの背の一部が加工されている。

COLUMN 正しくカッコよく
ナイフを使いこなす

アウトドアのさまざまなシーンで活躍するナイフ。
タイプごとの違いを知って、お気に入りの一本を見つけよう。

コンパクトな「フォールディングナイフ」「ツールナイフ」、固定刃で幅広い用途に使える「シースナイフ」

　食材を切るだけでなく、木を削って焚きつけを作ったり、ロープを切ったりと、アウトドアのいろいろな場面で活躍するアイテムがナイフだ。

　アウトドアでよく使われるナイフは3タイプ。ブレード（刃）が折りたためる「フォールディングナイフ」、折りたためず鞘に収納する「シースナイフ」、ドライバーや缶切りなどが一体になっていて多機能な「ツールナイフ」だ。

　ナイフ初心者や設備が整っているキャンプ場で使用するのがメインなら、フォールディングナイフかツールナイフでOK。どちらを選ぶかは用途や好みによるが、ナイフ自体の使いやすさでいえば、フォールディングナイフが上。ツールナイフはハンドル（持ち手）部分にさまざまなツールを収納するつくりになっているので、やや持ちにくく、刃渡りも短い。

　一方、食材を切ったり、木を削ったり、薪を割ったりするなら、より本格的なシースナイフを選ぼう。刃渡りが長く固定刃なので、かたいものを切る際にも安定感がある。

　なお、ナイフは、町中で持ち歩いていたり、クルマに載せておくと銃刀法に触れることもあるので十分注意しよう。

木の枝をナイフで加工して箸や焚きつけなどを作る。ブレードの背を親指の腹を押しながら、少しずつ削っていく。

HOW TO ENJOY CAMPING MORE

PART 4

\もっと/
キャンプを楽しもう

キャンプのスタイルは、
キャンプをする人の数だけある。
ロケーションや季節だけでなく、
何をするか、誰と行くかによっても、楽しさは変わってくる。
思い思いのキャンプライフをエンジョイしよう！

HOW TO ENJOY CAMPING MORE >> 1

焚き火を楽しむ

キャンプだから焚き火をするのか、
焚き火をするためにキャンプに行くのか——。
誰もがハマる焚き火の魅力を紹介しよう。

焚き火であぶったマシュマロをチョコビスケットでサンド。キャンプの定番スイーツ「スモア」の出来上がり♪

焚き火はキャンプの最大の楽しみのひとつ！

　ゆらゆらと揺れる炎を見つめながらグラスを傾け、語らう。普段は言えないようなことも、焚き火の前ではなぜか話せてしまう。焚き火には、人と人との距離をグッと縮めてくれる不思議な力がある。

　キャンプの醍醐味は人それぞれだが、一度焚き火の味を知ってしまうと、焚き火のないキャンプはちょっと考えられない。

　現在、オートキャンプ場といわれるところは、ほとんど焚き火OKだ。ただし、焚き火台を使わない焚き火はNGという場合も多いので、焚き火台を用意しておこう。

　そのほかに最低限必要な道具は、火バサミ、ライター、手袋（耐熱性のある革製が望ましい）だけ。さあ、キャンプ場へ焚き火をしに行こう！

> **MEMO**
>
> ### 直火OKと直火NG
>
> 焚き火台を使わず、地面の上で直接火を燃やす焚き火のことを、「直火」という。直火は土中のバクテリアを殺したり、地面が汚れたりするので禁止しているキャンプ場は多い。必ず、キャンプ場の焚き火ルールを確認しよう。

焚き火の用途

🔥 調理に使う

焚き火の上に鍋を直接置いたり、網などを使ったりしてもいいが、トライポッド(P158参照)を使う手もある。ダッチオーブンを吊り下げて調理できるので便利だ。

焚き火で焼き芋を作ろう

水で濡らした新聞紙で芋を包む(包んでから濡らしてもOK)。新聞紙は1枚で十分。 | 新聞紙で包んだ芋をアルミホイルで包む。端までしっかり包むのがポイント。 | おき火(P135)に入れ、45分〜1時間焼けばできあがり。固さは竹串を刺して確認する。

🔥 明かりと暖房

夜の暗闇も寒さも焚き火があれば快適だ。

🔥 観賞しながら語らう

焚き火のまわりには自然と人の輪ができて、会話がうまれる。

🔥 濡れた衣類などを乾かす

焚き火から出る熱と遠赤外線が、濡れた衣類などを乾かしてくれる。煙臭くなるのは、仕方がない。

POINT｜焚き火は虫よけにもなる

焚き火をしていると、不思議なほど蚊が寄ってこない。煙を嫌う虫は多いので、焚き火の煙にも虫よけの効果があると思われる。夏場、火の近くにいるのは暑いので、煙が出るように燃やし、離れた場所に置くといいだろう。

HOW TO ENJOY CAMPING MORE >> 2

薪の種類とレイアウト

薪の種類は広葉樹と針葉樹に大別できる。
特性がまったく違うので、目的や用途に応じて使い分けよう。

広葉樹の薪

年輪の目が詰まっていて硬いのが特徴。火は付きにくいが、煙や火の粉が少なく、長時間燃え続けるので、料理にも適している。ブナ、クヌギ、ケヤキ、カシなど。

針葉樹の薪

広葉樹よりもやわらかく、油分を多く含むので着火しやすい。よく燃えるので薪の消費量は必然的に多くなる。マツ、カラマツ、スギ、ヒノキなど。

広葉樹の薪と針葉樹の薪を使い分ける

　キャンプの焚き火で燃やすのは、落ち葉ではなく薪。一口に薪といっても、材料となる樹木の種類はさまざまで、燃え方が違えば、目的や用途も異なる。薪の種類は、大きく分けて、広葉樹と針葉樹がある。それぞれの特徴は上に書いたとおりだ。
　実際の焚き火では、最初に針葉樹の薪を使い、火が安定してきたら広葉樹の薪に変更し、薪の消費量を抑えるといい。広葉樹の薪は、安定した火力が得られ、煙や火の粉が少ないので調理にもおすすめだ。
　ただし、広葉樹の薪は乾燥していても着火しにくいが、湿気を含んでいると余計に火が付かない。当日や前日までの天候・湿度も踏まえ、乾燥状態を確かめた上でどの薪を使うか決めよう。

> **MEMO** 薪はキャンプ場で入手できる
>
> 薪は、ほとんどのキャンプ場で販売している。1束あたりの量・本数はキャンプ場によって異なるが、値段は500〜800円程度。1束で燃える時間は、広葉樹の薪で3〜4時間、針葉樹の薪で1時間半〜2時間が目安。

薪の組み方

大人数で火を囲むときにおすすめ

薪が燃えにくいとき

長い時間焚き火を楽しむとき

●井桁に組む
井桁の中心部が燃えるので、みんなで焚き火を囲むときに適している。いちばん下の段を広葉樹の太い薪にすると崩れるのを防げる。

●真ん中を高く組む
空気がどの方向からも入るので、風向きが不安定なときや、着火しにくいときに向いている。火力も強いが、薪をたくさん消費する。

●寝かせた薪に立てかける
風下側に広葉樹の太い薪を置き、その薪に立てかけるように並べることで、風を入れる。薪の消費量が比較的少なくて済む。

火の大きさ

●炎を上げる　観賞に適した火の大きさ。焚き火台から10〜20cmの高さに炎が上がるくらいで十分。

●おき火　調理に適した火の大きさ。薪が燃えて炭火のように赤くなった状態。広葉樹の薪だと長時間持続する。

 POINT

燃やしすぎには注意！

焚き火では、適度な火の大きさを心がけよう。火の勢いが強すぎると、火の粉が飛んでタープや衣服に穴を開けてしまうことがある上、薪もたくさん消費するのでもったいない。焚き火とキャンプファイヤーは違うのだ。

焚き火で薪を乾燥させる

焚き火をしている間は、次に使う薪を焚き火台の下に置いておくといい。焚き火の熱で薪の水分が飛び、燃えやすくなる。薪を追加していく作業も楽ちんだ。なお、焚き火台の下の薪に火が燃え移る心配はない。

HOW TO ENJOY CAMPING MORE >> 3

火のおこし方

火をおこさなければ焚き火は始まらない。
薪はライターであぶったくらいでは火が付かないが、
焚きつけを使えば簡単に火をおこせる。

焚きつけ用の落ち葉や小枝

乾燥している落ち葉や小枝などをキャンプ場内で拾い集めて焚きつけにする。小枝は、簡単に「パキッ」と折れたら乾燥している証拠。

落ち葉・樹皮　　松ぼっくり　　乾いた小枝

あらかじめ焚きつけを多めに用意しておこう

薪に火を付けるのは、さほど難しくない。ポイントは、小さな火を大きな炎に育てていくこと。焚きつけで小さな火をおこし、細めの枝から太めの薪へと順にくべていけば、焚き火は勝手に大きくなっていく。

焚きつけの材料は、乾燥している落ち葉や乾いた小枝など。当日までに雨が降っていなければ、明るいうちに拾い集めておこう。火をおこし始めてから焚きつけが足りないということにならないよう、できるだけたくさん集めておくことも大切だ。また、地面に落ちているものが少なければ、立ち枯れしている木を探そう。立ち枯れしている木は、葉っぱがなく、根も生きていないので、手で押した程度で簡単に動く。枝葉を折れば焚きつけとして使える。

油分を多く含む白樺は焚きつけに最適。倒木の樹皮をベリッとむけば焚きつけになる。

火の付け方

STEP 1 落ち葉・樹皮に着火する

いちばん燃えやすい落ち葉や樹皮、松ぼっくりを焚き火台に置き、ライターで下の方から火を付ける。

STEP 2 火が大きくなったら小枝を追加する

火が消えないように、落ち葉や樹皮を追加していく。火が大きくなったら小枝を追加し、さらに大きな火にしていく。

STEP 3 細めの薪をくべる

小枝がすぐに燃えるくらいの火になったら、細めの薪をくべる。炎の先端が薪に当たるように置くと、火を消すことなく着火できる。

STEP 4 太めの薪をくべる

太めの薪をすき間をつくるように追加する。太い薪に火が付くまでは、小枝や細めの薪も継ぎ足そう。太い薪に火が付いたら放置してOK。

MEMO

焚きつけの定番は新聞紙。ポテチやワセリン玉も使える!

キャンプ場内で焚きつけが集まらないときに、代用品になるのが新聞紙。1枚ずつ、ねじって使う。量は1〜2日分あれば十分だ。そのほか、実はポテトチップスやワセリン玉も焚きつけになる。ワセリン玉は、メタルマッチ(マグネシウム棒をこすって火花をおこす火打ち石のようなもの)でも火が付くほど着火性がよい。

ワセリン玉の作り方

【材料】コットン玉　ワセリン

コットン玉は100円ショップで入手可能。コットン玉にワセリンをたっぷり塗り込む。

ワセリンを含んだコットン玉をほぐし、火を付ける。燃えている間に追加していく。

HOW TO ENJOY CAMPING MORE >> 4

炭の種類とレイアウト

バーベキューなどの野外料理に欠かせないのが炭火。
さまざま種類の炭があるので上手に使い分けよう。

野外料理に欠かせない炭について知ろう

　遠赤外線の効果で食材をおいしく焼いてくれる炭は、バーベキューには欠かせない。いろいろな種類があるので、特徴を知っておこう。

　バーベキューに適しているのは、火付き（着火性）、火もち（持続性）、火力のバランスが取れている炭。

　もっともおすすめなのがクヌギやナラを原料とした黒炭だ。特に、岩手県産のものは、やや高価だが香りがよく人気がある。オガクズを成形したオガ炭は、火もち・火力の面では黒炭と同じくらいで爆ぜにくいが、チャコールスターター（P141参照）がないと着火しにくいのが難点。着火炭は、成形炭の一種で、着火剤が練り込まれているため火付きがよいのが特徴。マングローブ炭は、見た目は黒炭に近いが火もちが悪く、かなり爆ぜることもあるので、あまりおすすめできない。ホームセンターなどで売られている低価格の炭の多くがこれだ。

> 扱いやすい ↓

> オススメ度ナンバーワン

> 扱いにくい

⚠ CAUTION 備長炭や豆炭はBBQに不向き

高級炭の代名詞といえる備長炭は、長時間燃えるが、とにかく着火しにくく、爆ぜやすい。あくまで業務用だ。また、石炭などが原料の豆炭は、本来は暖房器具用。ニオイが強いため、特にバーベキューには向かない。

●着火炭

火付き 🔥🔥🔥🔥🔥
火もち 🔥🔥🔥
火力 🔥🔥🔥

ライターで火が付くほど着火性がよい。着火剤代わりにもなるので、黒炭との併用がおすすめ。

●マングローブ炭

火付き 🔥🔥🔥
火もち 🔥🔥
火力 🔥

安価で着火しやすいが、火もちがよくない上、爆ぜやすい。

●黒炭

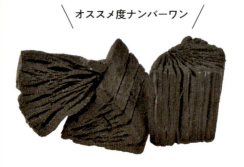

火付き 🔥🔥🔥
火もち 🔥🔥🔥
火力 🔥🔥🔥🔥

クヌギやナラが原料。国産でやや高価だが、安定した火力が長時間持続するのでおすすめ。

●オガ炭

火付き 🔥
火もち 🔥🔥🔥🔥
火力 🔥🔥🔥🔥

着火性が悪く、灰の量は多いが、爆ぜることがない。黒炭より安価なため、愛用者は多い。

炭のレイアウト

グリルを使ってバーベキューをする際は、強火・中火・保温の3つのゾーンをつくるように炭の量を調節し、レイアウトしよう。炭が減ってきたら、火が付いている炭と炭の間に火の付いていない炭を追加しておけば、しばらく経つと自然と火が付く。

肉は強火ゾーンで焼く！

- 肉や二枚貝などを焼く **強火ゾーン**
- 魚や野菜などを焼く **中火ゾーン**
- 焼いた食材を置いておく **保温ゾーン**

POINT BBQに最適な火加減は「おき火」

炭は、炎が立っている状態ではなく、白い灰がうっすらとかぶった「おき火」がベスト。安定した火力が持続する。炭に付いている灰が厚くなって火力が落ちてきたら、火バサミで炭の裏表をひっくり返すと火力が復活する。また、肉から脂が落ちて炭や網に火が付いてしまった場合は、食材をいったん避難させるか、氷があれば網の上に氷を乗せると火が消える。

炭から20cmくらい離して手をかざし、3秒くらいがまんできれば、ほどよい火加減。

炭の量の目安は大人1人あたり1kg

3時間程度のバーベキューで必要な炭の量は、マングローブ炭の場合で大人1人あたり1kgが目安。黒炭やオガ炭なら、これより少なくても大丈夫だろう。バーベキューとは別にダッチオーブン料理などにも使う場合は、少し多めに用意しておこう。

HOW TO ENJOY CAMPING MORE >> 5

炭のおこし方

バーベキューの30〜40分前に始めよう

薪とは違って炭をおこすにはちょっとコツがある。
便利な炭おこし器も使うのもおすすめだ。

基本の炭おこし手順

炭に火を付ける「炭おこし」には、着火剤を使う。ここでは黒炭を使った方法を紹介するが、炭を組み上げるのが難しい場合は、火床の上に着火剤、その上に小さな炭、その上にさらに着火剤、そして大きめの炭をのせ、いちばん下の着火剤に火を付ける。

準備するもの

①炭
②着火剤
③ライター
④火バサミ

STEP 1　炭を煙突状に組み上げる

写真のように、中心部に空洞ができるよう煙突状に炭を組み上げる。弧になっている側を内側にすると中心部に空洞をつくりやすい。

STEP 2　中心部に着火剤を入れる

中心部の空洞をふさがないくらいの小さな炭を入れ、その上に着火剤を入れる。着火剤は火を付けてから追加投入すると危険なのでたっぷりと。

STEP 3　着火剤に火を付ける

ライターで着火剤に点火する。炭が邪魔で火が付けにくい場合は、いったんどけておき、点火後に元の位置に戻す。

STEP 4　炭全体が赤く焼けたら完成

そのまましばらく放置しておくと、内側の面に火が付き、「煙突」の上部から炎が上がる。内側全体が赤くなったら煙突を崩してOKだ。

チャコールスターターを使った炭おこし手順

炭おこし器「チャコールスターター（チャコスタ）」を使えば、誰でも簡単＆確実に炭をおこせる。着火しにくいオガ炭にも使えるので、持っておきたいアイテムだ。

これがチャコールスターター　略して「チャコスタ」

格子状になっている底面から上部に向けて上昇気流が発生するつくりになっており、効率よく炭おこしができる。側面が囲まれているので、熱が逃げず、火が全体にまわりやすい。

STEP 1　チャコスタに炭を入れる

7割くらいまで入れる

チャコスタの7割くらいまで炭を入れる。ポイントは、縦に入れることと、炭と炭の間隔を空けること。空気の通り道をつくってあげるのだ。

STEP 2　着火剤に火を付けチャコスタをのせる

火床に着火剤を置いてライターで火を付ける。火を付けた着火剤の上に、炭を入れたチャコスタをのせる。

STEP 3　炭全体が赤く焼けたら完成

！チャコスタの持ち手は熱くなることもあるので、グローブ（手袋）を必ず着用しよう

そのまましばらく放置すると炭が赤々と燃え、チャコスタの上部から炎が上がる。火がまわっていない部分があったら、適宜、火バサミを使って炭の位置を調整しよう。炭全体が赤くなったらチャコスタから炭を出し、火床に広げる。

POINT　炭の消し方

火が付いている炭は、灰になるまで燃やすか、完全に消火してから捨てるのが基本。燃え尽きる前の炭を確実に消火するには、「火消しツボ」という道具を使うか、写真のように水を張ったバケツに浸ける。火消しツボを使えば、炭を再利用できるので経済的だ。

バケツの水で消す際は、安全のため柄の長い火バサミを使う。バーベキューグリルや焚き火台に水をかけて消火するのは、器具が変形することがあるのでNG。使用後の焚き火台やグリルも冷めてから洗い、しっかり乾燥させよう。

HOW TO ENJOY CAMPING MORE >> 6

季節を楽しもう

四季の変化をダイレクトに感じるキャンプ。
季節ごとに自分なりの楽しみを見つけよう。

**花見キャンプや
いちご狩りなどで
春を体感！**

　暖かくなり過ごしやすい季節。テントを張るのは、もちろん満開の桜の下だ。はらはらと花びらが散るのを眺めながら、お湯を沸かしてコーヒーを淹れる。公園で行う宴会とは違った、キャンプならではの花見の楽しみがあるのだ。キャンプ場の外にも足を延ばし、いちご狩りを楽しむといった合わせ技のレジャーもおすすめ。

 気を付けよう

◎**寒暖の差**
昼間は暖かくても、夜になると急激に冷え込むことがある。キャンプ場では想像以上に気温が下がるので、防寒対策はしっかりと。

◎**虫刺され**
実は、真夏よりも春の方が蚊やブヨの活動は活発。「虫よけスプレーはまだ早い」などと考えず、対策しておこう。

**水辺や高原での
避暑キャンプがおすすめ**

　あまりの暑さにヘトヘト…。それなら高原へ避暑キャンプに出かけてみよう。頬をなでる爽やかな風が、きっと心も身体もリフレッシュしてくれる。水辺のレジャーを楽しむなら、海や川などへ。夜には夏らしく花火をするのも楽しい。自然観察にはもってこいの季節なので、子どもの自由研究にもぴったりだ。

 気を付けよう

◎**ゲリラ豪雨・落雷**
夏は積乱雲が発達しやすく、突然の雷雨になることがある。急に曇ってきたり、雷の音が聞こえてきたらすぐに避難を！

◎**虫刺され**
虫が活発になる季節。蚊やブヨ、ハチのほか、毛虫などの草木の虫、ムカデやヒルなどの地表の虫にも注意しよう。

現地調達した食材で
秋の味覚を味わう！

　食欲の秋！ その土地ならではの食材を使い、料理をメインにキャンプを楽しもう。きのこ狩りや栗拾いをしたり、道の駅で野菜や肉などの地元食材を入手したりと、キャンプ場への道中でさまざまな秋の味覚をハンティング。この季節のキャンプ場は、夜の気温がグッと下がるので、鍋を囲むのもおすすめ。

! 気を付けよう

◎台風
台風は離れた場所にも影響を及ぼすことがある。台風が近付いているようなら、無理せずキャンセルすることも大切だ。

◎寒暖の差
これから冬に移り変わる季節なので、朝晩の冷え込みに注意。昼間の暖かさに油断せず、防寒着をしっかりと準備しておこう。

 ## 人も虫も少なく
ゆったりと過ごせる季節

　静かにゆったりと過ごすなら冬。人や虫が少ないので、落ち着いてキャンプができる。しんと静まり返る夜は、焚き火や薪ストーブを囲んで温かいスープを飲むのもよし、テントの中でカードゲームに興じるのもまたよし。普段は何気なくやっているようなことも、キャンプでは特別な思い出になるだろう。

! 気を付けよう

◎火の元
乾燥する季節なので、わずかな火種が火事の元になる。使い終わった薪や炭には、水をかけて確実に消火しよう。

◎一酸化炭素中毒
テント内で石油ストーブや七輪を使うと、一酸化炭素中毒になる恐れがある。テント内での火器使用はNGだ。

HOW TO ENJOY CAMPING MORE >> 7

キャンプ場と その周辺での遊び

キャンプ場の周りは自然がいっぱい。
ロケーションに応じたアクティビティで遊ぼう！

思い思いのスタイルで キャンプを楽しもう

　キャンプの過ごし方は人それぞれだが、アウトドアの遊びも楽しい。

　海や湖などの水辺ならカヌーや釣り、低山ならトレッキング、春〜秋の森林なら昆虫採集や自然観察など、キャンプ場のロケーションに応じた遊び方があるものだ。体を動かすものばかりでなく、温泉も立派なアクティビティのひとつ。その土地が持つ、大地の力を体験しよう。

　どんなアクティビティを楽しめるかは、事前に情報収集し、必要に応じて予約しておこう。また、キャンプ場でアクティビティの道具をレンタルできる場合もあるし、管理棟でパンフレットや割引券を入手できることも多いのでチェックしておこう。

カヌー・カヤック

パドル1本で進む、止まる、方向転換。最初はまっすぐ進むことすら難しいが、水上からの景色は格別だ。湖や海で楽しめる。

POINT 午前中にアクティビティを楽しんでからチェックインする

1泊2日のキャンプでアクティビティを楽しむなら、初日の午前中がおすすめ。チェックインは13〜15時の場合が多いので、それより前にアクティビティを楽しんでおけば一日を長く使える。チェックアウトの日は、渋滞や帰宅後の洗濯・メンテナンスのことを考えると、遅くならないうちに帰りたい。だからこそ、初日のチェックイン前なのだ。

トレッキング

図鑑を片手に野鳥や植物を調べながら歩くのも楽しい。数時間の行程だとしても、飲み水、軽食、雨具、防寒具は携行しよう。

温泉

滞在中だけでなく、チェックアウト後に入浴してから帰路につく人も多い。撤収後に温泉に立ち寄る場合は、荷物を積み込む前に着替えなどを選り分けておこう。

昆虫採集・自然観察

ランタンの灯りに誘われてカブトムシが飛んできたり、ふと見るとクワガタがテントにくっついていたり。夏場のキャンプ場ではよくあること。虫取り網や虫かごを用意していこう。

釣り

釣った魚は晩ごはんのおかず!? キャンプ場内に釣り堀がある場合も。川や海などで釣りをするときは、禁止区域ではないかを必ず確認し、必要に応じて遊漁券を購入しよう。

サイクリング

クルマの速度では見落としてしまうような、その土地の自然や文化、暮らしぶりを感じつつ、気ままに寄り道。近くの観光スポットへのお出かけ用にもおすすめ。

くつろぐ

コーヒーを飲む、風の音に耳を澄ます、ハンモックに揺られる。自然を感じながら気ままにくつろぐのも、ぜいたくな過ごし方。

HOW TO ENJOY CAMPING MORE >> 8

子どもとキャンプを楽しむコツ

自然の中で遊ばせることも大切だけど、
キャンプでしかできない経験をたくさんさせてあげよう。

＼家族みんなで役割分担。子どもも大事な戦力だ！／

設営や料理、後片付けなどお手伝いはいっぱいある！

　自然いっぱいのキャンプ場に来て、ワクワクするのは子どもも同じ。到着早々は遊ぶことしか頭にないだろうし、大人も遊ばせてあげたいだろう。ひとしきり遊ばせた後は、お手伝いの機会をつくってあげよう。

　小さな子どもにもできるのは、野菜を洗ったり、焚きつけを拾い集めたりすること。「○○隊長」などと役割を任命してあげたり、「ヨーイドン！」と掛け声をかけてあげると、遊び感覚になりノリノリでやってくれるものだ。子ども同士やパパ、ママとチームを組んでも楽しいだろう。

　あと、もっとも大事なことは、ケガを含めた体調管理。子どもは環境の変化に敏感なので、体調には十分気を配り、家族全員が楽しいキャンプにしよう！

 POINT 「普段できないこと」こそ積極的にやらせてみよう

大人がそばにいるキャンプだからこそ、普段はできないことを子どもにやらせてあげたい。包丁で野菜を切ったり、焚き火に薪をくべたりする作業も、大人が見てあげれば、子どもでもできる。「危ない」と取り上げるのは簡単だ。

お手伝いの例

●荷物の積み下ろし

持ちやすいものや、落としても割れないものを中心に。

●サイトの整地・掃除

整地の際に石をどかしてもらったり、撤収時のゴミ拾いなど。

●薪拾い

キャンプ場内を散策しながら、焚きつけや薪を拾い集める。

●料理

野菜を洗う、ヘタを取る、包丁で切るなど、成長に応じたお手伝いを。

●洗い物・片付け

食器を洗剤で洗うのは大人、すすぐのは子どもというように役割分担。

●ゴミ捨て

燃えるゴミは比較的軽いので、子どもでも持っていける。

HOW TO ENJOY CAMPING MORE >> 9

雲の様子から天気を探る

天気と密接に関係している雲。その特徴を知れば、
とらえどころのない姿からも天気を予測できる。

●巻雲

刷毛で描いたような薄いスジ状の雲。数時間は雨の心配がないが、巻積雲に発達するようなら注意しよう。

しばらくは
よい天気

●巻積雲

いわし雲やうろこ雲とも呼ばれる、小さな雲片の群れ。巻雲の次にこの雲が現れたら、雨が近付いているかも。

雨の前触れ

●巻層雲

薄いベール状の雲。太陽や月を囲む光の輪（暈）を伴うことがある。高層雲になったら天気は下り坂だ。

●高層雲

巻層雲に似ているが、太陽や月はぼんやりとしか見えず、暈ができない。厚みが増すと雨を降らせることがある。

●高積雲

巻積雲よりも雲片が大きい、羊の群れのような雲。形の変化が大きく、日の傾きで美しい空模様を演出する。

●積雲

絵に描いたようなこの雲は、夕方には消えることが多い。一つひとつが大きく成長するなら、大気が不安定な証拠。

大きい雲に
要注意

●積乱雲

いわゆる入道雲。突発的な激しい雨や雷をもたらすので、近付いてくるようなら安全な建物への避難を考えよう。

雷雨に注意！

●乱層雲

代表的な雨雲。空全体を覆い、太陽を隠すほど厚い。長時間にわたって広範囲に雨を降らせることが多い。

天気は下り坂

●層雲

山にかかるほど低い位置に現れる雲。地上に接するものを霧と呼ぶ。雨を降らせても、細かなものがほとんど。

●層積雲

大きな雲の群れ。すき間から青空が見えなくなり、空を広く覆うようなら雨に注意しよう。

雲のすき間がポイント

MEMO

自然観察から天気を予測する「観天望気」

生き物や雲、風向きなど、自然の様子から天気を予測することを観天望気という。その多くは、ことわざや言い伝えとして語り継がれてきた「先人の知恵」だ。山や高原の天気は変わりやすい。自然観察を楽しみながら、アウトドア生活にも役立てよう。

晴れそう

クモの巣に朝露が付いていたらその日は晴れ！

煙が東にたなびくと翌日は晴れ

雨が降りそう

飛行機雲は雨の前触れ

ツバメが低く飛ぶと雨が近い

HOW TO ENJOY CAMPING MORE >> 10

季節の星座を見つけよう

空気がきれいで、人工的な明かりが少ないキャンプ場。
息をのむような満天の星空を見上げてみよう。

普段は見ることができないような小さな星はもちろん、運がよければ、流れ星や人工衛星が見られることも。

春の星座の見つけ方

春の天体観測は北斗七星からはじまる

　北の空高く、スプーンのように並ぶ7つの明るい星が北斗七星だ。このスプーンの柄のカーブを延長すれば、うしかい座のアルクトゥルス、おとめ座のスピカを見つけることができる。南の空に並ぶ左右逆さまの「？」マークは、しし座の頭。視線を左に移して、尻尾であるデネボラを見つけよう。アルクトゥルス・スピカ・デネボラ、春の大三角の完成だ。

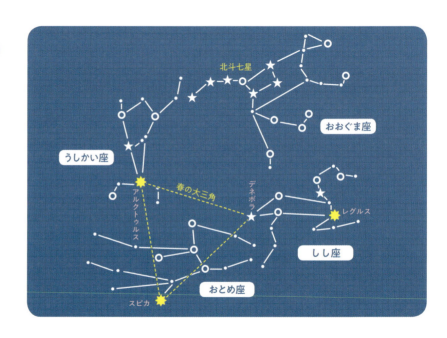

夏の星座の見つけ方

夏の主役は織姫と彦星 キャンプ場なら 天の川も

　東の空を眺めると、明るく光る3つの星をすぐに見つけられる。夏の大三角だ。高い位置でひときわ明るく光るのがこと座のベガ、2番目に明るいのがわし座のアルタイル。これらが七夕伝説の織姫と彦星で、人工的な明かりが少ない場所では、2つの間に天の川を見ることができる。大三角で3番目に明るい星はデネブ。天の川を泳ぐように飛ぶ、はくちょう座の星だ。

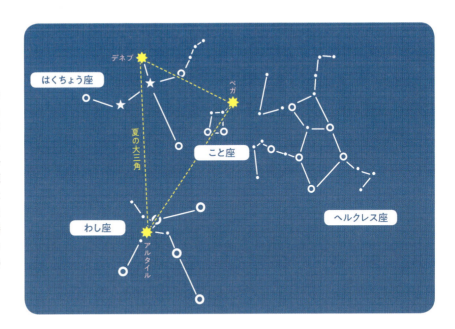

秋の星座の見つけ方

ペガスス座を目印にして 銀河を肉眼で見つける

　夏の大三角が西の空に見える季節になると、四角形に並ぶ星々が南の空に輝く。ペガススの大四辺形と呼ばれ、右上の星からは前脚が、右下からは頭が延びる。星空のペガススは上下逆さまになっているのだ。大四辺形からつながるアンドロメダ座を見つけたら、よく目を凝らしてみよう。キャンプ場なら、アンドロメダ銀河を肉眼で見ることができるかもしれない。

HOW TO ENJOY CAMPING MORE >> 11

ファーストエイド

すり傷や切り傷、やけどや熱中症…。
万一のときのために、応急処置について知っておこう。

いざというときにサッと出せるよう
ポーチにまとめておくと便利

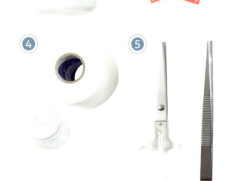

① 消毒液
② ばんそうこう
③ 滅菌ガーゼ
④ テーピング・包帯
⑤ ハサミ・ピンセット
⑥ ポイズンリムーバー
⑦ 瞬間冷却パック
⑧ タオル
⑨ 三角巾

適切な応急処置で症状を緩和する

　キャンプに限ったことではないが、ケガや病気に対する備えは大切だ。ファーストエイドキットの準備と、応急処置の方法を覚えておこう。ファーストエイドキットは、家庭で使っている救急箱とは別に、キャンプ用としてポーチにまとめておけば忘れる心配がない。主なケガや病気に対する応急処置の方法は右ページのとおりだが、できるだけ慎重に対応したい。管理人にケガや病気の状態を報告し、近くの病院や救急外来で受診することも考えよう。

　キャンプを満喫したい気持ちは分かるが、あくまで健康第一。状況によっては日程を切り上げて帰ることも大切だ。

CAUTION
保険証も忘れずに

忘れがちなのが保険証。保険証なしで受診すると、医療費が全額自己負担になったり、手続きが煩雑になったりする場合もある。後日来院を求められることもあるので、必ず家族全員分の保険証を携行しよう。

応急処置の手順

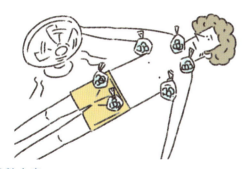

●熱中症

①建物や車内など涼しい場所へ移動させる。②衣服を脱がすか締めつけを緩め、首、脇の下、脚のつけ根に氷水を置く。同時に、扇風機やうちわなどを使ってできるだけ室温や体温を下げる。③水分補給を忘れずに。経口補水液があればなおよい。

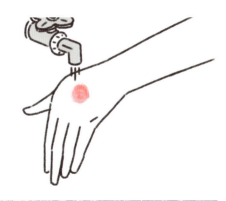

●やけど

①重度の場合は、すぐに救急車を呼ぶか救急外来を受診する。②患部から少しずらして30分ほど流水をあてる。衣服の下をやけどしている場合は、無理に脱がさずに上から水を当てる。③冷やしすぎて低体温症にならないよう注意する。

●すり傷・切り傷

①傷口を流水で洗う。土などの汚れが付いている場合は、ガーゼなどでしっかり落とす。②水分を拭き取り、出血している場合はガーゼで押さえて止血する。③出血が激しい、止まらない場合は、すぐに病院へ。

●虫刺され

①毛虫などに刺された場合は、ポイズンリムーバーやピンセットで毒針を取り除く。②患部を流水で洗い流し、氷水や濡れタオルで冷やす。③全身に症状が出ている場合や異変を感じた場合は、病院で診察を受ける。

●打撲・捻挫

①タオルを巻いたアイスパックや氷水などで、患部を15〜20分冷やす。②包帯やテーピングで患部を押さえ、腫れや内出血を防止する。③布団やシュラフなどを使って、患部を心臓より高い位置に保つ。

> **CAUTION**
> ### こんなときは病院へ
>
> - 広範囲のやけど、顔のやけど
> - 一酸化炭素などによる中毒症
> - 動かすと激しい痛みを伴う打撲や骨折の疑い
> - ハチやムカデなど毒性の強い虫による被害
>
> 上記のようなケガを負った場合はすぐに病院へ。一見、平気そうに見えても、体の中で症状が進行している場合もある。周囲の人がしっかりと観察し、適切な処置を取ることが大切。判断が難しい場合は、迷わず病院を受診しよう。

＼普段よりも／
＼遠くに出かけよう／

長期キャンプ

夏休みや
大型連休を利用して
長期間のキャンプ旅

長期キャンプはなんといっても、時間にゆとりがある。普段よりも遠出できるし、現地での過ごし方の幅も広がる。途中で洗濯や買い出しをすればいいので、実は荷物はそれほど増えない。最初は1つのキャンプ場に3泊とか、2か所に2泊ずつなどから始めて、日数を増やしていくといいだろう。

\COLUMN/

いつか叶えたい！

憧れCAMP

1〜2泊のキャンプに慣れてきたら、
その先に広がるさらに魅力的なキャンプの世界へチャレンジ！

＼最初は日帰りの／
＼ハイキングから／

ロングトレイル

バックパックに
荷物を詰め込み
自然の中を歩く旅

50km以上の道を何日もかけて歩いて旅するロングトレイル。国内の各地に整備されたトレイルコースがある。登山とは違って高低差の少ない場所を歩くので、軽装備でもリスクが少ない。1日10〜20kmを目安に最初は日帰り、慣れてきたら宿泊施設やテントに泊まりながら景色や人との出会いを楽しもう。

\ 女性にも /
じわじわ人気

ソロキャンプ

自然の中で気兼ねなく自分だけの時間を過ごす

ソロキャンプの魅力は、誰にも気を使わず、自然の中で自分の時間を満喫できること。最近は、1人でキャンプをするソロキャンパーも増えている。こうしたブームを受けて、女性でも簡単に張れるテントをはじめ、軽量＆コンパクトな道具も充実している。

自由気ままな
時間を
ひとり占め♪

\ 白銀の世界で /
非日常体験

雪中キャンプ

雪原にテントを張り雪景色の一部になる！

薪ストーブの暖かさや雪景色の中での焚き火、凍える夜空に輝く星…。雪中キャンプに魅了される人も多い。とはいえ危険も伴うので、管理人が常駐しているキャンプ場でやるのが鉄則。シュラフやバーナー（燃料）、ウェア類などの道具も寒冷地仕様のものを用意しよう。

海外キャンプ

\ CAMPは /
世界の合言葉

キャンプ場は世界中にある！異国のキャンプを体感する

キャンプをしながら世界中を旅するのも夢じゃない！ 北米、ヨーロッパ、オーストラリア、ニュージーランドなどではキャンプが文化として根付いており、清潔でセキュリティがしっかりしたキャンプ場も多い。レンタカーで旅をしながら転々としたり、ロングトレイルをしたりと、楽しみ方もさまざま。インターネットで予約できるキャンプ場も多い。

覚えておくと役に立つ キャンプ用語集

詳：詳細情報掲載ページ

【あ・か】

インナーテント
テントの本体にあたる部分で主に寝室となる。商品によっては別売の場合もある

インフレーターマット 詳 P23
寝袋の下に敷いて使う、空気でふくらませるタイプのマット

ウォータータンク（ウォータージャグ） 詳 P29
飲料水を入れておくタンク。側面下部に蛇口が付いており、水道のように使える

ガイライン（ガイロープ）
➡ロープ

ガスカートリッジ 詳 P95
バーナーやランタンの燃料として使う小型ガスボンベのこと

▶ **CB缶**
家庭用ガスコンロと同じタイプの細長い形状の缶。比較的安価に入手できる

▶ **OD缶**
アウトドアでの使用を想定して、底が広く自立しやすい形状の缶。対応するバーナーやランタンが豊富

カラビナ
開閉できる部品（ゲート）を持つ金属のリング。環状のものを簡単につなぐことができる。強度や用途により種類はさまざま

空焼き 詳 P74、97
①マントルを灰化させるときの作業　②ダッチオーブンのメンテナンスなどをする際に鍋に何も入れずに火であぶること

キッチンテーブル
バーナーや調理器具、食器、ウォータータンクなどを置き、調理の中心となるテーブル

クーラーボックス 詳 P29、85、92
凍らせた保冷剤などを入れて使う、断熱性の高い素材でできた保温箱。プラスチック製が主流だが、軽くて折りたたみ可能なソフトタイプもある

クッカー 詳 P28
鍋やフライパンなどの調理器具のこと。深型と浅型があり、複数の器具を重ねて収納できるものも多い

グランドシート
インナーテントの下に敷き、テントを傷や水濡れ、汚れから保護する

グランピング
グラマラス（魅惑的な）とキャンピングを掛け合わせた造語。キャンプ道具を持参せずに自然の中での体験を楽しむレジャー

グローブ
①マントルを保護するために付いているランタンのガラス部分
②耐熱性のある革製などの手袋

コット 詳 P23、78
アウトドア用の簡易ベッド

コッヘル
アウトドア用の携帯用調理器具。➡クッカー

【さ】

サイト 詳 P40、44、52、54、58
テントを張ることができるエリア

▶ **区画サイト**
利用者ごとにテントを張れる区画が決められているサイトのこと。1区画の広さは10m×10m前後が多い

▶ **フリーサイト**
比較的広いエリアに、自由にテントを張ることができるサイト

サイドウォール
風上に張って風よけとして使うスクリーンタープなどのオプション。単体もある

シームテープ
防水テープ。テントの縫い目の内側などに張られており、水漏れを防ぐ。テントの補修用具としても使われる

ジェネレーター
ガソリン式のランタンやバーナーなどに付いているガソリンの気化装置。ここでガソリンを熱して気化させる

シェラカップ 詳 P28
容量200〜300㎖程度の金属製のカップ。直火にかけることができ、小型の鍋兼食器として使える

自在金具 　詳 P71
ロープに付け、張り具合を「自在に」変えらえるようにする金具

シュラフ 　詳 P22、84
寝袋のこと

▶ マミー型シュラフ
全身を包み込む形状で、足先に向けて幅が狭くなるマミー（人形）型の寝袋

▶ レクタングラー型シュラフ
長方形のレクタングラー（封筒）型の寝袋。マミー型より保温力は低いが、ゆったり寝られる

ショックコード
ポールの節と節をつなぐゴムひも

自立式テント 　詳 P19
ロープを使わなくても自立するテント

シングルウォールテント
1枚の生地でできているテントのこと。結露しやすいが設営が簡単。モノポールテントに多い

ストーブ
➡ バーナー

炭 　詳 P138、140
木材を蒸し焼きにして炭化させた燃料。着火にやや時間がかかるが、着火後は比較的長時間安定した火力が得られる

▶ オガ炭
オガクズを加熱圧縮した成形薪を炭化した炭。成形炭ともいう

▶ 黒炭
ナラなどの木材を原料にした炭。比較的着火しやすく、炎が立ちやすい

▶ 着火炭
燃料が練り込まれている成形炭。ライターで簡単に着火できる

▶ 備長炭
カシなどの硬い木材を原料にした炭。着火しづらいが、非常に長時間高温で燃焼し、ニオイも少ないので調理に向く

▶ マングローブ炭
マングローブを原料にした炭。着火しやすいが火持ちは悪い。ホームセンターなどで安価に手に入る

スリーブ
テントなどでポールを通す筒状になった部分

設営 　詳 P52、58
テントやタープを立てたり、寝室やリビングなどをつくって生活できるようにすること

前室（ぜんしつ）
インナーテントの出入り口前の、フライシートが屋根になっている部分。玄関や収納スペースとして利用する

【た】

タープ 　詳 P20、62、64
日差しや雨を防ぐ屋根となる幕。サブポールやロープの使い方で、さまざまなアレンジが可能

▶ ウイングタープ
幕体がひし形のタープ。張るとシャープな印象になる

▶ スクエアタープ
幕体が正方形のタープ。張る際に4本のサブポールを使用することが多い

▶ スクリーンタープ
屋根だけでなく、四方の側面も主にメッシュの壁で囲まれたテントのような形状のタープ。夏期の虫よけなどに重宝する

▶ ヘキサゴンタープ
幕体が六角形のタープ。初心者でも比較的簡単に立てられ、ウイングタープより広い居住面積を得られる

▶ レクタングラータープ
幕体が長方形のタープ。スクエアタープ同様、張る際に4本のサブポールを使用することが多い

耐水圧 　詳 P19
テントなどの「水の通しにくさ」を示す数値。「mm」の単位で表し、数値が大きいほど耐水圧が高い

焚き火台 　詳 P26
焚き火専用の台。台の上で薪や炭を燃やすことができ、焼き網を乗せて調理ができるものもある。直火禁止のキャンプ場も多く、キャンプの必須アイテム

ダッチオーブン 　詳 P28、96
分厚い鉄製のふた付き鍋で、ふたの上にも炭を乗せて加熱することができる。蓋の重さで内圧を高くでき、圧力鍋のような調理が可能。脚付きのものは「キャンプダッチオーブン」と呼ばれる

ダブルウォールテント
インナーテントにフライシートをかけ、二重構造になっているテント。インナーテントが結露しにくく、前室が確保されている。多くのテントがこの構造

チャコールスターター　詳 P141
火おこし器、炭おこし器のこと。煙突状の構造で熱が対流し、薪や炭などにすばやく着火できる

着火剤
炭や薪などの着火時に利用する燃焼剤。オガクズなどに燃焼剤を練り込んだものや、ゼリー状のものなどがある

デイキャンプ　詳 P48
バーベキューなどが主目的で、宿泊を伴わないキャンプ

撤収　詳 P80
テントやキャンプ道具を片付けること

電源付きサイト（AC 電源付きサイト）　詳 P44、79
コンセント付きで家庭用の電気製品が利用できるサイト。コンセントからテント周辺までの電源ケーブルを持参する必要がある

テンション
ロープの張力のこと。自在金具などを使って調節する

テント　詳 P18、66
金属製の骨組みと幕でつくるアウトドア用の住居。特に寝室部分を指すこともある

▶ ドームテント
ドームの形状をしたテント。2本のポールで四角形の対角を結んで骨組みとするのが基本形状

▶ ツールームテント
寝室となるドーム型テントと、屋根の付いたリビングスペースを備えるテント。オールインワンテントともいう

▶ モノポールテント
1本のポールだけで立てる、角錐（ベル）型のテント。シングルウォールで床付きのものが多い

ドッグラン
綱を外して犬を自由に運動させることができるスペース。ドッグランを備え、飼い犬を連れて行けるキャンプ場も増えている

トライポッド
三脚。焚き火台を囲むように設置し、上から鍋を吊り下げて調理するときなどに用いる

【な・は】

パーコレーター　詳 P31
コーヒーを抽出する器具。コーヒーの粉をセットして直火にかけて煮出す

バーナー　詳 P25、94
ガスやホワイトガソリンを燃料としたコンロのこと

▶ シングルバーナー
一つ口のバーナー。ソロキャンプや登山などのほか、ツーバーナーの予備として使うことが多い

▶ ツーバーナー
二つ口のバーナー。オートキャンプで使われることが多い

ハイスタイル
テーブルとチェアの高さが高いこと。テーブル高70cm程度、チェア高40cm程度で動きやすいが、道具は大きくなる

張り綱
➡ロープ

ハンマー（ペグハンマー）　詳 P60
ペグを打つハンマー。テントに付属しているものもあるが、先端が鉄製など重量があるものの方が打ちやすい

火消しツボ
使用後の炭を入れて密閉し、安全に消化できるツボ。火消しツボで消した炭（消し炭）は再利用できる

非自立式テント　詳 P19
ロープを使わないと形状を維持できないテント

ファーストエイドキット　詳 P152
救急バッグ。ばんそうこうや包帯、ハサミ、ポイズンリムーバー、鎮痛軟膏、傷薬、頭痛薬などを入れておく

フィルパワー
シュラフなどのダウン製品における羽毛のかさ高を示す数値。数値が大きいほど空気を多く含む羽毛で保温性が高い

フライシート
インナーテントにかぶせるように重ねて張る幕。通気性を高め、インナーテントの結露を防いだり雨風の侵入を軽減する

ペグ　詳 P60
テントやタープを張る際に、ロープを地面に固定するための杭。用途によって素材や形状、長さのバリエーションもさまざま

ヘッドライト　詳 P32
額にゴムバンドで取り付けるライト。夜間の行動はもちろん、夕方以降は食事中や炊事場などでも重宝する

ベンチレーション
フライシートやインナーテントの通気穴。空気を循環させることにより居住性を高める

ポール
テントの骨組みになったり、タープを立てたりする分割式の竿。使用箇所により柔軟性の有無や長さ、材質はさまざま

▸ **サブポール**
タープのサイド部分や、テントのフライシートを立ち上げるためのポール

▸ **メインポール**
タープの両端を立てる比較的長めのポール。大きな力がかかるので、タープの大きさによって適切な太さを選ぶ

ホワイトガソリン
キャンプ用のバーナーやランタンの燃料。石油成分の純度が高く、ススが出にくい。「白ガス」とも呼ばれる

ポンピング　詳 P74
ランタンなどの燃焼前に燃料タンクをポンプで加圧すること。加圧により燃料が送り出される

ポンプノブ
ポンピングするための取っ手。回して緩めてからポンピングし、加圧後は締めておく

【ま・や・ら・わ】

幕体
テントやタープの本体にあたる布地のこと

マット　詳 P23、68
テントの床の上に敷き、地面からの影響を軽減するための道具

▸ **インナーマット**
インナーテントの床に敷き、主に温度の影響を軽減する。フロアマットともいう

▸ **パーソナルマット**
シュラフの下に敷き、地面のデコボコや温度の影響を緩和する。空気でふくらますインフレーターマットや、広げるだけのウレタンマットなどがある。単にマットともいう

マントル　詳 P33、74
ガス・ガソリンランタンの発光部分。ガラス繊維でできており、空焼きしてから使う

ランタン　詳 P33、72、74
主に手提げ型の照明器具

▸ **ガスランタン**
ガスカートリッジを燃料とするランタン。ポンピングが不要で簡単に着火できる

▸ **ガソリンランタン**
ホワイトガソリンを燃料とするランタン。使用時にはポンピングによる加圧が必要

▸ **LEDランタン**
電池でLEDを点灯させるランタン。熱の発生が極めて少なく、燃焼もないのでテント内でも安全に使用できる

レイヤード　詳 P34
重ね着。日照や風の有無で体感温度の変化が大きいキャンプでは、状況に応じた重ね着が重要になる

ロースタイル
テーブルとチェアの高さが低いこと。テーブル高40cm程度、チェア高20cm程度で道具もコンパクトになる

ロープ　詳 P70
テントやタープを固定するために使う細い綱のこと。ペグで地面に打ち付け、ピンと張って使う

監修者 **木村東吉** (きむら とうきち)

1958年大阪生まれ。1979年よりモデル活動開始。『ポパイ』『メンズクラブ』等の表紙を飾り活躍。20代からアウトドア活動を始め、おしゃれで洗練されたオートキャンピングブームの火付け役となる。また「走る」ことをライフワークとしており、その普及に努めている。1995年、河口湖に移住。現在は河口湖に拠点を置き、アウトドア関連の執筆・取材、キャンプ教室の指導・講演など幅広く活動している。
http://greatoutdoors.jp/

撮影	蔦野 裕
イラスト	フジノマ (asterisk-agency)
デザイン	加賀見祥子
撮影協力	西湖キャンプ・ビレッジ「ノーム」 木村東吉アシスタント 立川カホ (GreatOutdoors)
協力メーカー	岩谷産業 (Iwatani) コールマン ジャパン (Coleman) 新越ワークス (UNIFLAME) UJack ロゴスコーポレーション (LOGOS)
写真提供	amanaimages PIXTA
編集協力	緑川顕史　木内渉太郎　江川 司 (KWC) 有賀久智　高田 陸 (shiftkey)

楽しむ！極める！キャンプ完全ガイド

監修者	木村東吉
発行者	若松和紀
発行所	株式会社 西東社 〒113-0034　東京都文京区湯島2-3-13 https://www.seitosha.co.jp/ 電話　03-5800-3120（代）

※本書に記載のない内容のご質問や著者等の連絡先につきましては、お答えできかねます。

落丁・乱丁本は、小社「営業」宛にご送付ください。送料小社負担にてお取り替えいたします。
本書の内容の一部あるいは全部を無断で複製（コピー・データファイル化すること）、転載（ウェブサイト・ブログ等の電子メディアも含む）することは、法律で認められた場合を除き、著作者及び出版社の権利を侵害することになります。代行業者等の第三者に依頼して本書を電子データ化することも認められておりません。

ISBN 978-4-7916-2611-3